WORLD RECORDS

世界之最

沐之◎主编

江西美术出版社
全国百佳出版单位

图书在版编目（CIP）数据

世界之最 / 沐之主编. -- 南昌：江西美术出版社，2017.1（2021.11重印）
（学生课外必读书系）
ISBN 978-7-5480-4953-1

Ⅰ.①世… Ⅱ.①沐… Ⅲ.①科学知识—少儿读物 Ⅳ.①Z228.1

中国版本图书馆CIP数据核字（2016）第258359号

出品人：汤晓红
责任编辑：刘 芳 廖 静 陈 军 刘霄汉
责任印刷：谭 勋
书籍设计：韩 立 潘 松

江西美术出版社邮购部
联系人：熊 妮
电话：0791-86565703
QQ：3281768056

学生课外必读书系

世界之最 沐之 主编
出版：江西美术出版社
社址：南昌市子安路66号
邮编：330025
电话：0791-86566274
发行：010-58815874
印刷：北京市松源印刷有限公司
版次：2017年1月第1版 2021年11月第2版
印次：2021年11月第2次印刷
开本：680mm×930mm 1/16
印张：10
ISBN 978-7-5480-4953-1
定价：29.80元

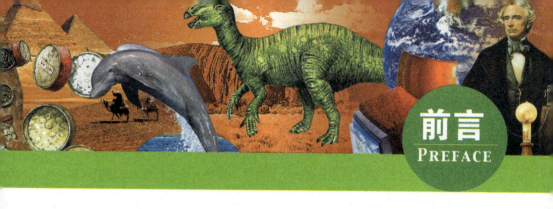

　　世界上最厉害的爆炸威力究竟有多大？闻名遐迩的艾尔斯巨石为什么颜色多变？"速度之王"猎豹的速度究竟有多快？为什么箭毒木的毒能够见血封喉？一幅油画为何能拍卖上亿美金？最早的坦克到底是什么样子的……探秘未知世界，寻求科学答案，是孩子们的天性使然，《世界之最》正是为满足他们的这种需求而出现的。

　　《世界之最》作为一部影响中国几代人的经典科普读物，其中收录了大量妙趣横生、神奇奥秘的条目，每一个条目或标示出大自然的一个极限，或成为人类社会发展中的一个里程碑，或留下科学史上的一个奇迹，成为人们常谈不衰的话题。该书甫被辑录成书，便以其独特的体例、丰富的知识受到广大青少年的喜爱，至今已成为我国发行量最大的科普读物之一，各种不同的版本不断涌现。然而随着科技与社会的发展，市场上的许多版本已经不能满足广大读者越来越高的阅读需求，这就要求我们不断进行更新、补充和调整，并注入更多的设计元素。

　　鉴此，我们编辑出版了这本《世界之最》。

　　本书集天文地理、动物植物、科学技术、交通体育、人文社会等"最"之大全，并且增补、修订了近年来各领域的最新研究成果，可谓五花八门，包罗万象；体例编排上注重各条目间的内在联系和逻辑次序，结合青少年的知识结构和阅读习惯，以精准生动、通俗易懂的文字形象地诠释一个个"世界之最"，并附有生动有趣的相关链接和专题加以延伸拓展，力图使各门类的知识形成一个系统、科学的有机整体。

　　同时，本书还配有千余幅精美插图，包括实物图片、风景照片、人物肖像、建筑名胜，以及大量结构清晰、解释详尽的分解图等，与文字相辅相成，既深入挖掘了图片内涵，又对相关知识做了补充和拓展，让孩子们在接受完整、全面知识信息的同时，获得更加鲜明而深刻的印象，从而提高其认知能力。

　　本书集知识性、科学性、趣味性和实用性于一体，讲解通俗易懂，引人入胜，图片精美，设计独特。希望本书营造出的轻松愉快的阅读氛围，能够引领小朋友们推开虚掩的智慧之门，进入精彩玄妙的未知世界，开始一段绚烂的彩色读书之旅。

目录
CONTENTS

第二章

地球惊叹号

第三章

动物精英汇

第四章
植物连连看

第五章
文化大观园

第六章
体育大看台

第七章
科技动起来

第八章

交通大放送

第九章

国家与城市

Part 1

第一章

太空旅行记

最厉害的爆炸

ZUI LIHAI DE BAOZHA

当气球膨胀到一定程度时，就会破成碎片，吓人一大跳。但我们知道，气球爆炸的威力和原子弹爆炸根本没法比，而原子弹爆炸在恒星爆炸面前也不过是小巫见大巫。那么，恒星爆炸是最厉害的爆炸吗？答案是否定的。

 宇宙大爆炸

宇宙大爆炸才是最厉害的爆炸。

宇宙大爆炸理论是由美国科学家伽莫夫等人于20世纪40年代提出的，其得到了众多宇宙学研究者的赞同，成为当今最有影响力的宇宙起源学说。宇宙大爆炸学说认为，我们所观察到的宇宙、在其孕育的初期，集中于一个体积很小、温度极高、密度极大的点中。在160亿～80亿年之前，这个点发生了爆炸，接着，我们所在的宇宙便逐渐诞生了。

爆炸未必都是坏事

气球爆炸会吓着一些小朋友；原子弹爆炸会造成巨大伤亡，还能让地面数年内寸草不生；外来天体闯入地球引起的爆炸甚至可能是令恐龙灭绝的罪魁祸首……但爆炸未必只会带来破坏和毁灭，也会带来好事。

宇宙原始大爆炸后0.01秒，宇宙的温度大约为1000亿℃。物质存在的主要形式是电子、光子、中微子。以后，物质迅速扩散，温度迅速降低。大爆炸后1秒，温度下降到100亿℃；大爆炸后13.8秒，温度约30亿℃；大爆炸后35分钟，温度约3亿℃，此时化学元素开始形成。随着温度不断下降，原子不断形成，宇宙间弥漫着气体云。气体云在引力的作用下，形成恒星系统，恒星系统又经过漫长的演化，成为今天的宇宙。

显然，没有宇宙大爆炸，就没有我们。

宇宙还会爆炸吗

对于这个问题，目前还没有确切答案。一种说法认为，现在宇宙还在不断膨胀，当膨胀到极限时，宇宙将停止扩张，开始收缩。当所有空间和物质坍缩到一起，宇宙中的一切就会回归到大爆炸前的原点，那时也许还会出现另一次大爆炸，从而产生另一个宇宙。

体积最大与质量最大的恒星

TIJI ZUI DA YU ZHILIANG ZUI DA DE HENGXING

太阳是离我们最近的恒星，它大大的肚子能容纳130万颗地球。然而，宇宙中的恒星比地球上的沙子还要多，太阳只是其中一个普通的成员而已。

体积最大的恒星

▲大犬座VY星模拟图

大犬座VY星是目前已知的体积最大的恒星，太阳和它相比，就像一滴水面对整个海洋。大犬座VY星的体积约为太阳的58.32亿～92.91亿倍。大犬座VY星非常亮，其光度比太阳高50多万倍。尽管如此，我们用肉眼还是看不到它，因为它和我们之间的距离实在太遥远，而且很多星际尘埃弥漫其间。对于恒星来讲，长得太大未必是好事，大犬座VY星正以惊人的速率喷出大量的气体，它很可能在10万年内通过超新星爆炸的方式走向灭亡。

最重的恒星

恒星R136a1是目前已知的最重的恒星，与银河系的距离约为16.5万光年。它在诞生之初质量比现在还大，约是太阳质量的320倍。因为重量级的恒星释放的能量更大，R136a1在短短100万年时间内消耗掉了20%的质量，现在迅速瘦身后，质量相当于265个太阳。R136a1的"减肥"其实是身不由己的，像它这样的恒星由于质量损失太大，往往都是短命鬼。R136a1发着蓝色的光芒，非常耀眼，约比太阳亮1000万倍。

超质量恒星演变图

星云

原恒星

主序星

抗议，抗议

我们必须知道，人类的科技发展还十分有限，除了邻居太阳，我们对其他的恒星所知甚少，仅仅靠远距离观测和推算，难免存在差错。

大犬座VY星的体积最大一说一直饱受争议。一种观点认为，它只是一个普通的红巨星，直径只有太阳的600倍而已。有的科学家认为，大犬座VY星，远没有大多数人想得那样亮。

恒星R136a1的惊人质量也引起了很多人的怀疑。加利福尼亚大学的一位天文学家认为，我们所观测到的R136a1可能是"双子星"，意思是说R136a1不是一颗恒星，而是两颗质量相近的恒星。

你知道吗

天上的恒星浩如烟海，它们要是撞到一〔起〕那怎么办？不用害怕。如果宇宙中的星球〔离〕得很近，又杂乱无章地运动，也许它们会互〔相碰〕撞，但实际上星球之间的距离很远，而且〔每个星〕球都有自己的运行轨道，所以它们相撞的〔可能〕性是很小的。

▶恒星R136a1模拟图

红巨星或蓝巨星

爆炸后变成超新星

黑洞

陨星之最
YUNXING ZHI ZUI

在晴朗的夜空中，我们常常会看见美丽的流星拖着一条长尾从天幕中划过。这些流星体落在地面上就变成了丑陋的陨星。陨星形状各异，按组成成分不同，可分为陨石、陨铁等。大陨星落在地面上，会留下巨坑。

最可怕的陨星撞击

在很多人眼中，流星是华丽而美好的，人们总是为流星的转瞬即逝而伤心。这是因为流星离地面太远了。如果陨星来到人们身边，只能把人吓跑——当然前提是人能跑得了。

流星体变成陨星与地球亲密接触，往往会带来灾难。最恐怖的一次陨星撞击发生在数千万年前，一颗流星气势汹汹地光临地球的墨西哥尤卡坦半岛，结果改变了地球的气候，抛起大量尘土，笼罩天空几十年。很多科学家认为，恐龙就是因此而灭绝的。

最大的陨石

世界上最大的陨石是于1976年陨落在我国吉林省的吉林1号陨石，重约1770千克。经专家调查确认，吉林1号陨石陨落时，伴随着一场陨石雨，降落的范围约500平方千米。幸运的是，没有人畜在这次陨石"聚会"中受到伤害。经测定，吉林陨石的母体极可能是太阳系火星与木星之间小行星带中的一颗星星，有40多亿岁了，大约在几百万年前，在运行时和其他天体相撞，发生了一次大爆裂，然后脱离小行星带，最终来到了地球

▲ 石铁陨石

▲ 吉林1号陨石

宇宙中最冷的地方

YUZHOU ZHONG ZUI LENG DE DIFANG

尽管宇宙中有很多炽热无比的恒星，但宇宙空间大体是寒冷的，就像一个巨大的冰箱。宇宙中最寒冷的地方在回力棒星云中。此星云旋转的两翼是不平衡的，长得很像彩色的回旋镖，又像漂亮的蝴蝶结。

▲半人马座星云

回力棒星云

美国人通过哈勃空间望远镜，在半人马座发现了一个名叫"回力棒星云"的地方。那是由正在死亡的恒星排出的气体组成的，距离地球非常遥远。在人类迄今为止了解的宇宙中，绝大多数星云的温度都高于-270℃，但回力棒星云的温度只有-272.15℃。

回力棒星云的温度为什么这么低呢？原因可能是该星云的中心星以每小时数十万千米的速度喷出云气和尘埃风，从而使星云迅速扩散，同时气体极端冷却。

▼回力棒星云

✤ 你知道吗

半人马座是一个巨大的明亮星座，外形有点儿像半人半马，它拥有两颗一等大星。尽管它很亮，但在中国，只有南方的几个省份可以在春天的夜晚观测到它。要注意的是，半人马座和人马座不是一个星座，大家不要弄混了。

距离太阳最近的行星

JULI TAIYANG ZUI JIN DE XINGXING

水星，中国古代称"辰星"，欧洲称"墨丘利"。在太阳系八大行星中，它个头儿最小，距离太阳最近。

▲ 水星

众行星的"小老弟"

据说水星最初也很大，后来与一个迷路的行星撞在了一起，结果两败俱伤，水星的外层都被炸掉了，就变成了八大行星中最小的行星。水星的直径为地球的38%，质量为地球的5.5%。

亲密接触的结果

水星与太阳的平均距离为0.39个天文单位，即5791万千米。它与太阳的角距较小，所以不容易用肉眼看见。在水星上看到的太阳大小，是在地球上看到太阳大小的2～3倍，光线也增强10倍左右。

由于跟太阳距离太近，水星朝向太阳的一面炽热无比，约400℃；但由于水星引力小，表面温度高，很难保持住大气，所以背向太阳的一面温度低得惊人，最低可达-160℃以下。和太阳近距离接触还造成水星屡屡遭到陨星和太阳微粒的攻击，从而导致它的表面粗糙不堪。当水星受到巨大的撞击后，就会有盆地形成，周围则有山脉围绕。

太阳系中最大的行星

TAIYANG XI ZHONG ZUI DA DE XINGXING

木星是太阳系中最大的行星，可谓是"八星之王"。我国古代称其为"岁星"，因为人们用它来定岁纪年；西方称其为"朱庇特"，即罗马神话中的众神之王。木星是天空中最亮的星星之一，其亮度仅次于它的兄弟——金星。

名副其实的巨行星

木星与太阳的平均距离约为7.78亿千米，赤道直径为地球的11.18倍，质量为地球的 317.89倍，比其他七大行星之和还要大很多。

木星是个"大胃王"，其质量在"与日俱增"。太阳由于光辐射、太阳风等原因，每秒钟要损失数亿吨物质。这些物质，都被木星不挑不拣地吞进肚子里。有科学家甚至认为，很久很久以后，木星甚至可能成为"小太阳"。

家族庞大

木星是太阳系中卫星数目较多的一颗行星，卫星与木星组成了一个家族：木星系。

尽管在太阳系中地位显赫，但木星从不"欺负"太阳系中的其他行星，反而尽职尽责地保护着它们。比如，它不断吸收并清灭随时可能攻击其他行星的小行星。可以说，没有木星，地球不会拥有美丽的面容。

夜空中最亮的行星

YEKONG ZHONG ZUI LIANG DE XINGXING

天亮前后，东方有些发白的天空中，有时会出现一颗相当明亮的"晨星"；到了黄昏，西方那灰白色的天幕上，有时会出现一颗相当明亮的"昏星"。这两颗星其实是同一颗星——金星。

▶ 金星

看上去很美

▲ 金星表面

金星是天空中除了太阳和月亮以外最亮的星，也是我们肉眼能看见的最亮的行星，所以人们又叫它"太白星"或"太白金星"。金星是行星，本身是不会发光的，它耀眼的光芒来自于太阳，即它有大气层，靠反射太阳光发亮。

实际很可怕

由于金星的体积和质量与地球相近，许多人都称其为地球的"姊妹星"。实际上，金星远没有地球善良敦厚，它华丽的外衣下裹着一颗狂躁的心。

行星探测器证实，金星的大气中有一层又热又浓又厚的硫酸雨滴和硫酸雾云层。金星地表上有数千座丑陋的火山，这些火山喷着炽热的岩浆，吐着恐怖的火舌，使金星地面上长满了"痘疮"。在如此恶劣的条件下，生命显然难以存在。

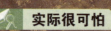

你知道吗

由星际空间的气体和尘埃组成的云雾状天体就是星云。星云的形状各不相同：有的星云呈弥漫状，形状很不规则，根本没有明显的边界，为弥漫星云；有的星云呈圆盘或圆环状，散发出淡淡的光，像是一个大行星，为行星状星云。

太阳系中有最多光环的行星

TAIYANG XI ZHONG YOU ZUI DUO GUANGHUAN DE XINGXING

土星是太阳系中第二大行星，也是最美丽的行星之一。它最明显的标志是周围有7道美丽的光环，是太阳系中光环最多的行星。

7道土星环

在太阳系中，土星拥有最多的光环。土星环沿土星赤道面围绕土星运行，早在1610年就已经被伽利略观测到。这些光环最初分为外环、中环和内环。1969年发现第四环（最内环），第五、六、七环于1979年和1980年先后被发现。每环厚度为10～50米，最厚不超过150米。其总质量约等于土星质量的千万分之一。土星环中有环，有的不对称，有些相互扭结。

多角度瞧一瞧

通过天文望远镜看去，土星环像多彩的项圈；换个角度看，又像漂亮的宽边草帽。有时候，光环又像平平的圆盘，这是因为光环与我们处于同一平面，后面部分看不见了。人们常说"距离产生美"，当我们靠近光环时，会发现它们没有远观那么绚丽。这些光环其实是由无数粒子、冰块和沙砾组成的，这些东西大的直径可达几十米，小的只有几厘米或者更微小，颜色有深有浅，外面有一层冰壳。

▲ 土星环

11

太阳系中最大的小行星

TAIYANG XI ZHONG ZUI DA DE XIAO XINGXING

谷神星是最早被发现的小行星。也许它和行星比起来显得很不起眼，但在小行星家族中，它可是最大、最重的。

什么是小行星

小行星是沿太阳轨道运行的一种小天体、形状不规则，体积和质量比行星小很多。太阳系中大部分小行星分布在火星与木星的轨道之间，组成小行星带。近地小行星与地球轨道相交或接近、其中有一些有撞击地球的潜在危险。

▼谷神星

由小行星到矮行星

谷神星于1801年1月1日由意大利天文学家皮亚齐公布。它的直径为952千米，质量为11.7×10^{23}克，为已知最大和最重的小行星。

谷神星的公转周期是1682天，自转周期是0.38天。虽然它的质量和直径均较大，且接近圆形，但它未能清空轨道附近的其他星体，因而在2006年第26届国际天文学联合会大会上被正名为矮行星成员。

谷神星的亮度较低，所以不容易被观测到。目前，还没有宇宙飞船拜访过它。

▲谷神星

太阳系中最大的卫星

TAIYANG XI ZHONG ZUI DA DE WEIXING

如果八大行星是太阳的卫士，那么卫星就是行星的卫士。卫星不知疲倦地绕着行星运转，构成了太空中一道道美丽的风景。在太阳系中，木卫三是最大的卫星。

直径超过水星

按距离木星从近到远排序，木卫三在木星的所有卫士中排名第七。木卫三直径约为5260千米，质量约为月球的2倍。和月球相同的是，木卫三永远将一面朝着木星。它主要由硅酸盐岩石和冰体构成，拥有一个富铁的、流动性的内核。

其实，木卫三广受人关注的原因不在于它有多大，而在于它表面下存在一个被夹在两层冰体之间的咸水海洋。我们知道，是否有液体水，是衡量该星球是否能有生命的一项重要指标。所以，在这片海洋里也许存在着什么古怪的生物。

·千奇百怪·

恒星的颜色与其年龄和表面温度有关。

太阳是红色的星球。

恒星可以变成星云，星云也可以孕育恒星。

月球上的天空总是黑的。

不是所有的恒星都能变成黑洞。

▼木卫三

士卫六

木卫三

木卫二

木卫一

13

太阳系中最高的山

TAIYANG XI ZHONG ZUI GAO DE SHAN

太阳系中已知的最高的山是奥林帕斯山。注意了，不要把"帕"看成"匹"，奥林匹斯山位于希腊北部，而奥林帕斯山位于火星，是一座盾状火山。

▲ 火星上的奥林帕斯山，火山有两个中央凸起，周围是固体熔岩

比珠穆朗玛峰高3倍

奥林帕斯山平均高度为22千米，是珠穆朗玛峰高度的3倍，火山口由5个互相覆盖的陷落组成，总体东北西南向长约85千米，宽约70千米，火山口壁可高达3千米，山体周围环绕着4~8千米高的山壁。

我们知道，珠穆朗玛峰高耸入云，在离它很远的地方抬头仰望，都能看到它的雄姿。可如果你站在火星表面（假如你去得了的话）上，根本无法看到奥林帕斯山的山顶，甚至你站在它的山脚下或者山腰上，都意识不到自己已经到了它的领地。原因是：奥林帕斯山的坡度实在太缓了，山体又太宽了。

山里都有什么

根据火星快车号与火星全球勘测者的观测，人们发现，奥林帕斯山的一些地方，除了熔岩、沉积岩、沙尘和火山灰等，还可能有自大气沉降的水冰以及被沙尘盖住而免于升华的冰河。

▼ 火星上的奥林帕斯山

▲ 火星上的探测器

▶ 火星

第一个登月的人

DI-YI GE DENG YUE DE REN

1969年7月20日，地球上亿万观众聚集在电视机前，屏住呼吸，眼睛一眨不眨地盯着屏幕，看着阿姆斯特朗在月球上留下人类的第一个脚印……

一小步与一大步

长期以来，登月都是人类不断追寻的梦想。

1969年7月16日，3名宇航员带着全人类的梦想，乘坐"阿波罗11号"宇宙飞船飞向了月球。几天后，飞船到达月球上空，并围绕月球飞行。7月20日，阿姆斯特朗说了在月球上的第一句话："我马上就要从登月舱上迈开了。"接着，他转过身，一脚踩在了月球表面上，理所当然地成了第一个登月的人。阿姆斯特

阿姆斯特朗

朗迈出第一步后不久，奥尔德林也踏上了月球，成为第二位踏上月球的人。随后，他们对月球进行了探测。

阿姆斯特朗在登月时说过一句经典的话："这是我个人的一小步，却是人类的一大步。"

最早的载人宇宙飞船

ZUI ZAO DE ZAIREN YUZHOU FEICHUAN

说起宇宙飞船，大家脑中立刻会想到电影中出现的那种能够在星际间遨游的超级飞船，可惜的是，现阶段的宇宙飞船还无法做到星际航行。不过，人类已经制造出能够进入外层空间的载人宇宙飞船。

"东方" 1号宇宙飞船

世界上第一艘载人飞船是苏联的"东方1号"宇宙飞船，于1961年4月12日发射。这艘宇宙飞船由两个舱组成，上面的舱是密封载人舱，又称航天员座舱，即乘员舱。乘员舱呈球形，外侧覆盖有耐高温材料，能承受进入大气层时因摩擦产生的高温。乘员舱只能载一人，宇航员可通过舱窗观察或拍摄舱外情景。宇航员的座椅装有弹射装置，在发生意外事故时可紧急弹出脱险。在飞船下降到距离地面7000米的地方时，宇航员会连同座椅一起被弹出舱外，并张开降落伞下降，在下降到4000米高度时，宇航员与座椅分离，只身乘降落伞返回地面。下面的设备舱为顶锥圆筒形，在飞船返回大气层之前，与宇航员分离，弃留太空。

"东方1号"宇宙飞船虽然只执行了一次任务，却打开了人类通往太空的大门。

▼运载火箭推进器

▲ 载有宇宙飞船的运载火箭

▲ "东方1"号宇宙飞船的宇航员——尤里·阿列克谢耶维奇·加加林

Part 2

第二章

地球惊叹号

最大的大洲

ZUI DA DE DAZHOU

古时候，希腊人把自己国家以东的地方都叫"亚细亚"，意思是"太阳升起的地方"，亚洲因此而得名，亚洲的全称就是"亚细亚洲"。中国就位于这片神圣的大陆之上。

地盘最大

亚洲绝大部分地区位于北半球和东半球，北、东、南分别靠近北冰洋、太平洋和印度洋，西面靠地中海和黑海。西以乌拉尔山脉、乌拉尔河、里海、大高加索山脉、黑海海峡与欧洲分界；西南以苏伊士运河、红海与非洲相邻；东北部隔白令海峡与北美洲相望；东南以帝汶岛和澳大利亚之间的海面与大洋洲为界。

面积为4400万平方千米，约占全球陆地面积的29.4%。

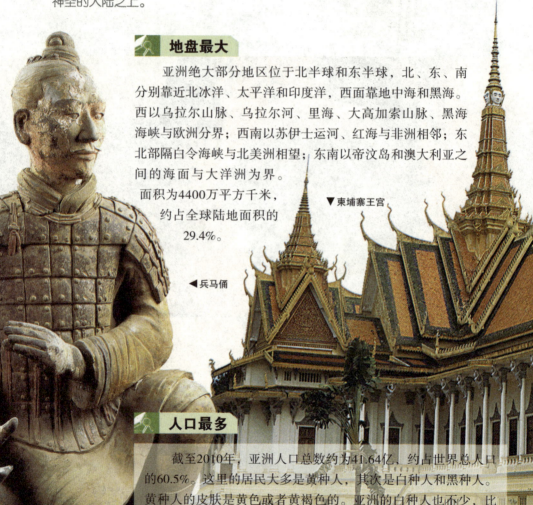

▼柬埔寨王宫

◀兵马俑

人口最多

截至2010年，亚洲人口总数约为41.64亿、约占世界总人口的60.5%。这里的居民大多是黄种人，其次是白种人和黑种人。黄种人的皮肤是黄色或者黄褐色的。亚洲的白种人也不少，比如沙特阿拉伯和印度的大多居数民。

地形与气候

亚洲的地形很复杂，我们可以简单地总结为三点：首先，地面起伏大，高低悬殊；其次，平均海拔很高，在各大洲中，排名第二；最后，亚洲大陆的中间大多是高山，四周有很多平原，所以总体看上去，中间高，四周低。

亚洲东部靠近无边无际的大海，大多地区冬天寒冷干燥，夏天炎热潮湿；亚洲的内陆地区离海太远，纬度又太高，降水较少，所以夏季炎热，冬季寒冷。需要说明的是，降水可不仅仅指降雨，还包括降雪、下冰雹等。

▲ 极具特色的民族舞蹈

世界文化的摇篮

世界有四大文明发源地，亚洲就占了三个。亚洲黄河流域、两河流域、恒河流域都早早地诞生了灿烂的文化，三大文明古国——古中国、古巴比伦、古印度应运而生。自文明诞生后，亚洲的经济、文化和社会发展水平曾长期处于世界领先地位，对世界的影响之大之多，真是三天三夜都说不完。

▼ 赛马

最小的大洲

ZUI XIAO DE DAZHOU

在 七大洲中，大洋洲是面积最小的大洲，它纵跨南北半球，最大的一块大陆是澳大利亚。

◀ 新西兰啄羊鹦鹉

▼ 新西兰玛塔玛塔

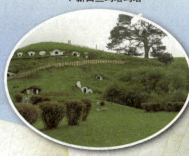

地理位置

大洋洲位于太平洋西南部赤道南北广大的大海域中，处在亚洲和南极洲之间，西与印度洋相邻，东与太平洋相邻，并与南、北美洲隔太平洋遥遥相对，陆地（包括岛屿）面积为897万平方千米，约占世界陆地面积的6%。

大洋洲看起来形单影只，却是各大洲航线的必经之地。如今，大洋洲已成为亚洲、非洲与南、北美洲之间船舶、飞机往来所需淡水、燃料和食物必不可少的供应站。

岛屿类型全

大洋洲是岛屿类型最全、分布最零散的一个洲。整个大洋洲的陆地实际上是由一个大陆、两个大岛及三大群岛组成的：一个大陆指的是澳大利亚（包括塔斯马尼亚岛和其他附属的岛屿），两个大岛分别是新西兰南北二岛、新几内亚岛，三大群岛指波利尼西亚群岛、密克罗尼西亚群岛、美拉尼西亚群岛。

这些岛屿有的是因为海底火山喷发形成的火山岛，有的是由珊瑚虫的遗体堆积而成的珊瑚岛，还有的是因为地壳运动，从原来的大陆分离出去的大陆岛。大洋洲处处是浪漫的热带海岛风光，是人们休闲、度假的天堂。

▲澳大利亚波浪岩

气候特征

　　大洋洲大部分地区都处在南、北回归线之间，因此境内的绝大部分地区属热带和亚热带气候；除澳大利亚东、南、北沿海的狭小部分，均属热带干旱、半干旱气候。大洋洲的大陆地区降水量较少，常年都是又干又热的天气状况。相对于大陆的干燥气候来说，众多岛屿上的气候则好得多。因为受周围海洋的影响，岛屿上的温度要比大陆地区稍低，而且降水量丰富。

▲斐济一角

▼悉尼歌剧院

资源丰富

　　大洋洲的自然资源多样而且丰富，矿物质以镍、铝土矿、金、铬、磷酸盐、铁、银、铅、锌、煤、石油、天然气、铀、钛和鸟粪石等为主。境内的森林面积较广，产松树、山毛榉、棕榈树、桉树、杉树、白檀木和红木等多种珍贵木材。此外，这里因为临近海域，所以水力资源丰富，并且拥有众多的渔场。

最冷的大洲
ZUI LENG DE DAZHOU

提起南极，大家首先会想起走路摇摇摆摆的企鹅。实际上，虽然企鹅是最不怕冷的鸟，但它们仍然生活在南极洲上相对温暖的地带。作为地球上最冷的大洲，南极内陆冷得令人难以想象。

▲ 贼鸥

酷寒的环境

南极点是地球南面的端点，它和北极点一样是假想的地球自转轴与地球表面的交点。顾名思义，南极洲是围绕南极点的大陆。

虽然南极洲有半年的时间为白天，但真正能到达南极地区为其增加热量的光线却少得可怜，因此南极地区终年冰天雪地，寒冷异常。南极洲的暖季为11月至次年3月，即使这时沿岸平均温度也很少超过0℃，内陆寒冷得多，为-20℃～-35℃；寒季为4月～10月，沿岸为-20℃～-30℃，内陆为-40℃～-70℃。最低气温曾达到-89.2℃（1983年）。

南极洲大陆几乎全被冰川覆盖，面积达1400万平方千米，冰层平均厚1880米，最厚达4000米以上。在如此酷冷的自然条件下，南极洲非常寂寞，冰雪是它的主要伙伴。

暴风之家

南极有地球上最为猛烈的大风，风速一般达每秒17～18米，最大达每秒90米以上，是高速公路上汽车速度的好几倍！所以它是世界最冷和风暴最多、风力最大的陆地，很多人把南极称为"暴风之家"或"风极"。

▲ 南极企鹅

南极为什么比北极冷

南极大部分是陆地，海洋面积很小，所以受海洋影响小。而陆地的比热容小，温度变化大。北极地区主要被北冰洋所占据。相比而言，海水能够储存较多的热量，然后再慢慢地把这些热量释放出来。因此，北极的气温始终要比南极高得多，北极的冰层也比南极薄。

另外，洋流、海拔、太阳辐射、极昼时间的长短、气压等也是造成南极比北极冷的因素。

曾经非常热

南极洲曾位于赤道附近。那时的南极洲上没有那么多水，更没有那么多冰，而是被茂密的热带雨林所覆盖着，恐龙等史前爬行动物曾穿梭其中。那时候，它和大洋洲、南美洲等还是一家子，紧紧靠在一起。后来它们分开了，南极洲就一步步朝南漂去，越漂越远，越来越冷。

◀ 海狮

千奇百怪

南极和北极没有地震。因为两地的地面上覆盖着厚厚的冰层，冰层会对地层产生巨大的压力。这种压力正好与地层构造的挤压力相平衡，这样，地层就不会倾斜、弯曲，从而减弱或分散了地层的形变，所以不会发生地震。不过，这种平衡是相对的，一旦平衡被打破，南极或北极也会发生地震。

最大的三角洲

ZUI DA DE SANJIAO ZHOU

三角洲，即河口冲积平原，是一种常见的地表形貌。恒河三角洲是世界上最大的三角洲，宽320千米，开始点距海有500千米。其大部分在孟加拉国南部，小部分在印度的西孟加拉邦。

"弓形"三角洲

恒河三角洲的形状呈三角形，被认为是一个"弓形"三角洲。它的面积约8万平方千米，平均海拔10米。三角洲汇集恒河、布拉马普特拉河、梅格纳河三大水系，南部有大片的沼泽地和红树林。

▲ 恒河三角洲鸟瞰图

恒河三角洲的主体位于孟加拉国和印度，不过其北方的不丹、中国和尼泊尔的一些河流也会流入这里。

矛盾结合体

恒河三角洲主要处于热带湿润气候区，季风引发的洪水、从喜马拉雅山脉奔流而下的融化的冰雪以及可怕的热带气旋使它多灾多难。然而，恒河三角洲并不荒芜，反而是世界重要的经济区。原因是，这里水网密布、土壤肥沃，农业很发达。

你知道吗

三角洲是怎样形成的呢？

江河奔流时所裹挟的泥沙等杂质，在入海口处遇到含盐量较淡水高得多的海水，落淤堆积，逐渐成为河口岸边新的湿地，继而形成三角洲平原。

最高与最大的高原

ZUI GAO YU ZUI DA DE GAOYUAN

高原是海拔在500米以上、顶面比较平缓的高地，边缘往往有明显的陡坡。世界上海拔最高的高原是青藏高原，面积最大的高原是巴西高原。

▲ 牦牛

最高的高原

青藏高原，是中国四大高原之一，平均海拔在4500米以上，在中国境内部分面积约250万平方千米，有"世界屋脊""地球第三极"之称。说出来可能吓你一跳，和众多高原相比，这个大个子只是个小辈，年轻得很。

青藏高原为东亚、东南亚和南亚各大河流的发源地，北临昆仑山、阿尔金山、祁连山，南到喜马拉雅山，东南至横断山脉，在中国境内部分包括西藏自治区、青海省、四川省西部、甘肃省西南部和新疆南部山地。高原内多高山、湖泊、冰川。山岭海拔超过6000米。高峰终年积雪，冰川覆盖面积约4.7万平方千米，占我国冰川总面积的80%以上。

动植物乐园

青藏高原是动植物的乐园。这里生活着许多珍稀的动植物，如藏羚、雪豹、黑颈鹤、白唇鹿及桫椤、巨柏、喜马拉雅长叶松、喜马拉雅红豆杉、长叶云杉、千果榄仁等。此外，青藏高原是世界上杜鹃花种类最为丰富的地区，有"杜鹃花王国"的美称。

▼ 杜鹃花

▲ 巴西高原的咖啡豆

最大的高原

巴西高原是世界上面积最大的高原，位于南美洲巴西境内，在亚马孙平原和拉普拉塔平原之间，面积有500多万平方千米，占据超过1/2的巴西领土。和青藏高原不同，巴西高原不那么冷，大多地区属于热带、亚热带气候区，下雨多，天气热；海拔也没那么高，地表起伏和缓，大多在600～900米之间，从东南向西北倾斜，东部多脊状山岭或断块山，西部是桌子形状的高地。巴西高原矿藏丰富，有铁、锰、有色金属及水晶等。

最大的沙漠
ZUI DA DE SHAMO

撒哈拉沙漠位于非洲，是世界上最大的沙漠，也是地球上最不适合生物生存的地方之一。"撒哈拉"在阿拉伯语中是"大荒漠"的意思。

▼沙狐

与中国国土面积相当

撒哈拉沙漠位于北非阿特拉斯山脉与苏丹草原以及大西洋与红海沿岸之间，跨埃及、利比亚、乍得、突尼斯、阿尔及利亚、尼日尔、摩洛哥、马里、毛里塔尼亚和西撒哈拉等国，面积约960万平方千米，占非洲大陆面积的 32%，与中国国土面积相当。

非洲的"伤疤"

撒哈拉沙漠就像一块巨大而丑陋的伤疤，醒目地"躺"在非洲大地上。伤疤里的环境十分恶劣，大部分地区是断续的大小盆地，中部多高山和熄火山，最高峰为提贝斯提高原上的库西山，海拔3415米。地面主要是砾漠、岩漠和沙地，荒凉贫瘠，不适合生物生存。人们出行的主要交通工具是骆驼。

撒哈拉沙漠炎热干旱，降水量大多不足100毫米，边缘地区在250毫米以下。年平均气温25℃以上，7月气温在35℃～37℃以上，绝对最高气温超过50℃。如此恶劣的环境令撒哈拉沙漠大部分地区不适合人类居住。不过值得庆幸的是，沙漠中有不少可供人类居住的绿洲。

曾经很肥沃

　　虽然现在的撒哈拉沙漠酷热少雨，近乎不毛之地，但它曾经可是拥有广阔河流的肥沃之地，草木茂盛，鸟兽随处可见。是不是有些不可思议？科学家可找到了不少证据呢。

▲沙漠里的仙人掌花

　　在撒哈拉大沙漠的阿杰尔塔西里高原地区，曾发现过距今两三万年前的冰川期到2000多年前古人留在岩石上的几幅壁画。在一幅大约8000年前的壁画上画有长颈鹿、鸵鸟、羚羊等食草性动物。可见，当时的撒哈拉大沙漠是一片众多动物赖以生存的绿洲。还有一幅大约6000年前至4000年前的壁画，上面画着一个人放养长着长犄角的牛的情景，这又一次证明了撒哈拉大沙漠的确曾是一片可供放牧的大草原。此外，在另一幅大约2000年以前的壁画上还画有骆驼与人战斗的场面。不过从此以后，由于干旱少雨的热带气候的影响以及人类的破坏，这块草木繁茂、牛羊成群的绿洲逐渐变成了冷漠而贫瘠的撒哈拉大沙漠。

▲沙漠风暴

▲撒哈拉沙漠的单峰驼

盐度最高与最低的海

YANDU ZUI GAO YU ZUI DI DE HAI

众所周知，海水的味道是咸的。但不同海域的海水咸淡程度是有差别的。红海是世界上最热、最咸的海域，最高盐度约达43；波罗的海则是世界上盐度最低的海域，最低盐度仅为2。

最咸的海

红海位于亚洲阿拉伯半岛和非洲东北部之间，南经曼德海峡通印度洋的亚丁湾，北端分为两个海湾：东为亚喀巴湾；西为苏伊士湾，并通过苏伊士运河连地中海。红海水温很高，8月，南、北分别为32℃和27℃。盐度在41左右，运河附近高达43。

红海盐度高的主要原因是：第一，红海的东西两侧都有沙漠，河流稀少，再加上这里常年闷热，海底又是地球的地热出口，海水温度高，导致年蒸发量远大于年降水量；第二，红海形状狭长，东部狭窄的曼德海峡同印度洋相连，西部只能通过苏伊士运河与地中海相通，导致海区闭塞，不易与外界盐度相对较低的海水进行水体交换。

▲波罗的海海边

得名原因

有一种观点认为，红海的局部地区有很多微生物群和死后呈红褐色的海藻，它们使海水在某段时间内呈红色，红海因而得名。不过红海海水通常情况下呈蓝绿色。

最淡的海

波罗的海是大西洋北部的内海，位于斯堪的纳维亚半岛与欧洲大陆之间。海域封闭，仅西南部通过几个海峡与北海相连。平均水深86米，最深处达459米。海水盐度一般为7～8，波的尼亚湾仅为2。

波罗的海盐度为什么这么低呢？

第一，降水量远大于蒸发量。波罗的海位于温带海洋性气候向大陆性气候的过渡区，降水量大；地处中高纬度，蒸发较少。

第二，波罗的海周围有维斯瓦、奥得等大、小250多条河流注入。

第三，波罗的海的形成时间不长，曾经还是一片被冰水淹没的汪洋，盐度本来就不高；再加上海域地形闭塞，与外界海域的通道浅而窄，导致盐度高的海水不易流进来。

▲红海

·千奇百怪·

如果把全世界的水按比例缩小后放到一个容积为3.8升的水壶中，其中可供我们饮用的只有1汤勺。

地球上的总水量基本是恒定的。

南美洲厄瓜多尔的首都基多是世界上气候最好的地方之一，那里的常年气温在夜里一般不低于7.7℃，白天一般不高于22.3℃。

东撒哈拉沙漠年最长日照时间可达4300小时。

陆地上最低的地方
LUDI SHANG ZUI DI DE DIFANG

死海盐度高，人可以浮在水上，不用担心被淹死。死海还是陆地上的最低点，这也是其闻名遐迩的一个原因。

陆地上的最低处

死海不是海，而是西亚著名的大盐湖，位于约旦同巴勒斯坦之间的西亚裂谷中，南北长80千米，东西宽4.8～17.7千米，有约旦河等注入。死海湖面低于地中海海面400米，平均深300米，最深处达395米，是世界陆地上的最低处。

死与不死

死海的湖水盐度高达300～332。因为盐度高，湖中一片死寂，水生植物及鱼类都不能生存，湖边的草木也很少，故有"死海"之称。不过人可以漂浮在死海湖面上，不用担心会被淹死。死海附近的气候炎热干燥，导致其湖水蒸发强烈，而注入的约旦河水又越来越少，所以死海正日趋干涸。很多科学家认为，照这样下去，在不久的将来，死海将会真的死去。

死海古卷

死海地区不仅拥有独特的地理特征，在文化上也很有魅力。20世纪40年代，人们于死海西北岸的洞穴中，发现了2000年前的古代书卷，称《死海古卷》，很有考古价值。

在死海游泳是不是好主意

好处1：死海盐度高，人们可以穿着漂亮的泳衣躺在死海上读书、看报。

好处2：死海是地球上气压最高的地方。空气中含有大量的氧，让人感到呼吸自在。

好处3：死海水中矿物质成分占33%之多，尤其是硫化物、镁、钾、氯、溴等含量极高。自古以来，它就具有医疗保健功效。据说，埃及女王克娄巴特拉就曾用死海水疗伤呢。

坏处1：这么咸的水溅入眼睛，会让人疼得想哭。

坏处2：天气炎热的时候，死海温度最高可达51℃，这时候躺在黏糊糊的湖水上人体会感到不适。

坏处3：湖水味道很糟糕，如果不小心喝进去，会让胃难受好几天。

解决办法1：一切小心！别把死海水当成洗脸水或试图尝尝它的味道。挑个不那么热的天去死海上躺着。

解决办法2：干脆不去游泳了。死海两边的山岩清清楚楚地倒映在水中，给湖水投上了一抹淡红，岸边还有很多漂亮、干净的鹅卵石，不如在死海边散步、欣赏美景。不过，散步的时候请注意穿鞋，因为死海岸边的结晶体坚硬带刺，很容易划破皮肤。

▲ 死海边的结晶物

最大的岛

ZUI DA DE DAO

格陵兰岛是世界第一大岛。它是岛屿和大陆的一个区分标准，比它块头大的陆地叫大陆，比它块头小的陆地叫岛。

有趣的传说

据说在很久很久以前，有一个挪威海盗，他胆大包天，打算一个人划着小船，从冰岛出发，远渡重洋。朋友知道了，都吓得不行，认为这个家伙早晚会淹死在海里。可是海盗仍旧出发了，他在格陵兰岛的南部发现了一块面积不大的绿草地。一回到家乡，他赶紧对朋友吹嘘："我回来啦，还发现了一块绿色大地！"格陵兰岛便由此得名。"格陵兰"在丹麦语中是"绿色大地"的意思。

岛中"老大哥"

格陵兰岛位于北美洲东北部，在北冰洋和大西洋之间，海岸曲曲折折，有很多又深又长的峡湾。它的面积为216.6万平方千米，是名副其实的岛中"老大哥"。岛上人口为5.69万（2008年统计数据），88%为格陵兰人，其余为丹麦等北欧国家的移民。格陵兰人是因纽特（旧称爱斯基摩）人与早期欧洲移民的混血后裔。

▲ 格陵兰岛上的石墙

别被名字骗了

从名字上看，格陵兰岛给人一种春意盎然的感觉。但如果你抱着享受绿意的目的去那里游玩，绝对会失望。因为它约4/5的部分在北极圈内，约84%的面积被厚冰覆盖，冰原平均厚1600米，中部最厚达3400米。岛上冷得要命，全年气温一般在0℃以下，常常有暴风雪。岛的中部遍地是大冰块，交通极差，你甚至找不到一块草地，看不到一朵野花，也看不到几个人。如果没有科学家或专业探险家陪同，你最好离那里远点儿。相对而言，格陵兰岛的海岸附近气候和景色要好很多。西南沿岸和南岸的7月平均气温可以达到7~10℃。当地居民多住在南半部沿海，以渔猎为生。

并不孤单

格陵兰岛并不因千里冰封而死气沉沉，这里不仅是数万居民的安居乐业之地，还是动物的乐园。许多鸟夏天飞到这里享受长时间的日照、生育小宝宝。雷鸟和小雪巫鸟全年生活在岛上。此外，岛上还生活着北极熊、北极狐、北极兔、驯鹿、旅鼠、麝牛等动物。这里的植物种类比较单调，主要为苔原植物，常见的有苔草、羊胡子草和地衣等。一般只能在有限的无冰地区看见一些矮小的桦树、柳树、桤树丛等。

你知道吗

岛屿指散布在海洋、河流或湖泊中的小块陆地，通常较大的称"岛"，较小的称"屿"。
群岛指的是大规模的岛屿群。
岛屿群指的是在狭小的地域内集中的两个以上的岛屿。

▲ 驯鹿

33

含沙量最大的河

HANSHALIANG ZUI DA DE HE

黄河是中国的母亲河，也是仅次于长江的中国第二长河，它的输沙量和含沙量均居世界各大江河之首。

并非一"黄"到底

因为黄河水中含有大量的泥沙，水色浑黄，所以人们给它取名为黄河。实际上，黄河水并非从头至尾都那么黄。其上游流经高原峡谷，水流较清澈；但中游河段流经黄土高原地区，黄土高原的水土流失严重，支流的大量泥沙汇入，水流就变黄了。

沙子多得吓人

黄河的最大年输沙量达39.1亿吨（1933年）。如果你觉得这么说比较抽象，那举个例子：黄河年平均输送的16亿吨泥沙，如果筑成宽1米、高1米的城墙，长度相当于地球与月球之间的距离的3倍，能绕赤道27圈！

黄河从古至今就这个样子吗？不是的。黄河水本来是很清澈的。因为在黄河流域定居的人越来越多，人们开始大量砍伐森林、建造房屋、开垦田地，造成了严重的水土流失，黄河的含沙量和输沙量才越来越大。当然，也不能将所有的过错都推到人类头上。黄河水流经黄土高原，那里分布着大量的黄土沉积物，而且土质疏松，极易遭到破坏，这也是造成黄河输沙量和含沙量变大的重要原因。

最大的湖泊

ZUI DA DE HUPO

有些东西的名字很奇怪，比如鲸鱼、鳄鱼，明明叫鱼，却都不是鱼。世界上最大的湖泊也是如此，虽是名副其实的湖，却叫里海。你之前是不是也误以为里海是海来着？

▲ 里海鸟瞰图

面积在缩小

里海是世界上最大的湖泊，也是最大的咸水湖，位于欧亚两洲交界处，沿岸分属阿塞拜疆、俄罗斯、哈萨克斯坦、土库曼斯坦和伊朗。里海南北长1200多千米，平均宽320千米，面积37.1万平方千米，平均深184米，北浅南深，最深约1025米。

尽管里海有伏尔加河、乌拉尔河等130多条大小河流注入，但由于它位于大陆的干燥地带，气候干旱，蒸发剧烈，水位不断下降，面积也在不断缩小。

海的远房亲戚

里海叫"海"是有一定原因的。它和海有很多相似之处：水都是咸咸的，盐度较高；湖里有一些海洋生物，如海豹；面积广大，一望无垠，时而卷起滚滚波涛，看上去和海差不多；更主要的是，它曾经是海的一部分，经海陆变化与海分开，变成了湖。里海盛产鲟、鲑、鲱等鱼类，有丰富的石油、天然气和芒硝等资源。

最高的山峰
ZUI GAO DE SHANFENG

珠穆朗玛峰位于中国西藏自治区与尼泊尔交界的喜马拉雅山脉上，是地球上的最高峰。

不同的名字

珠穆朗玛峰是喜马拉雅山脉的主峰。1858年印度测量局在英国人的主持下，擅将该局前局长额菲尔士的姓氏命名此峰。1952年中国政府将额菲尔士峰正名为珠穆朗玛峰，简称珠峰。此外，人们还叫它"圣母峰"。在尼泊尔，人们称它为"萨迦-玛塔"。

地球上最高的地方

珠穆朗玛峰海拔8844.43米，是世界第一高峰，有"世界第三极"的美誉。它是典型的断块上升山峰，山体看上去像个巨型金字塔。山中有巨大冰川，最长达26千米。1960年5月25日，中国登山队首次从北坡攀登峰顶。直到现在，很多探险家、登山家都将征服珠穆朗玛峰当作终极目标。

曾经在海下

珠穆朗玛峰曾经是个小个子，因为那时它在海下。很久很久以前，喜马拉雅山脉的广大地区是一片汪洋大海，称古地中海。后来印度板块与亚欧板块相撞，使古地中海东部的海底受到强烈的挤压，才导致了喜马拉雅山脉从海洋中升起。

▲ 珠穆朗玛峰曾经在海下

个子还在长

不知道珠穆朗玛峰是不是担心自己世界第一的位置被抢走，因而它一直在不停地长个子。经测量，它以每年约3.7厘米的速度在增高。它在第四纪的300万年间上升了约3000米，平均1万年上升10米；而最近1万年，它却上升了370米。

有的科学家认为，珠穆朗玛峰的增高犹如用岩石和泥土叠罗汉。岩石都是由岩石分子构成的，许许多多的岩石分子以一定的结构相互排列。它们之所以能够构成坚硬的岩石，是因为它们之间存在着电磁力。这里，电磁力和体力起着相同的作用，当山自身的重量大于岩石分子之间的电磁力，就会造成叠不成罗汉的"悲剧"。

按这个说法，珠穆朗玛峰这样贪心长个子，早晚会自食恶果。因为这种增高方式存在一个极限，一旦达到这一极限，山峰底下的岩石就要"粉身碎骨"，珠穆朗玛峰也将土崩瓦解。那么，这一极限究竟是多少呢？至今还无确凿的说法。而且这个观点也只是部分科学家的看法，并未得到所有科学家的认同。

最干的地方

ZUI GAN DE DIFANG

地球上最干的地方在哪里？有两个地方进入了决赛。究竟桂冠花落谁家呢？也许你看过下面的介绍就会有自己的见解。

热得不行的阿塔卡马沙漠

很多人认为，阿塔卡马沙漠是当之无愧的最干之地。这一炽热无比的地方位于智利北部，介于南纬18～28°之间，沿太平洋东岸伸展，长约1100千米，由一连串盐碱地组成。

阿塔卡马沙漠气候极端干燥，年降水量一般在50毫米以下，北部仅10毫米左右，而且有时连续数年滴雨不下。不过，干燥也可以塑造出许多美丽风景，这里有很多景观和月球表面很像，每年慕名来此旅游的人不在少数。是什么原因让阿塔卡马沙漠如此干燥 呢？一方面原因在于来自南极的寒流，这些寒流可以产生很多雾和云，可惜不易形成降雨；另一方面原因在于阿塔卡马沙漠东面是高大绵延的安第斯山脉，山脉如同一道屏障，将来自亚马孙河流域可能形成雨云的潮湿空气几乎全部挡在了外面。

▲ 阿塔卡马沙漠

冷得不行的南极干谷

看到这里，你或许会笑，南极被冰雪覆盖，气温极低，怎么会干燥呢？别急，看了下面的介绍你就明白了。

南极主要有3个干谷，它们位于南极洲大陆部分的罗斯冰架以东和麦克默多湾上，分别被称为泰勒、赖特和维多利亚干谷。这些干谷虽然位于南极洲，但冰雪并不多，它们的降雪量只相当于20多毫米的年降雨量。往往雪刚落下来，就被干燥的风吹走了，没吹走的会融化在周围吸收太阳热量的岩石中。干谷中的一些地带几乎没有降雪。在那里，你只能看见散布着碎石的地面以及陡峭的岩石。如果说阿塔卡马沙漠的地貌像月球，这里简直就像火星。

尽管生存条件苛刻，这里也有顽强的生命存在。干谷底部一般存在着永久性冷冻湖。冰层之下有盐度非常高的水，一些简单的有机生命体就生活在这些水里面。科学家还在干谷地表下发现了一些微生物。

▶ 测定高空气象的探空气球

▼ 南极一角

▲ 南极干谷

你知道吗

湿度是一个和温度很相近的词语，但温度是表示物体冷热程度的物理量，湿度却是用来表示大气干燥程度的物理量。用来测量湿度的仪器叫湿度表。湿度通常用绝对湿度、相对湿度、比较湿度、混合比、饱和差以及露点等物理量来表示。

港口最多的大洋

GANGKOU ZUI DUO DE DAYANG

界上大大小小的港口不计其数，它们分布在不同的海岸上，每天都在忙碌地迎送着一批又一批的船只。可以说，港口是船只最温暖的家。世界上港口最多的大洋是哪一个呢？它就是大西洋。

▲ 里约热内卢港

▲ 汉堡港

重要的地理位置

大西洋是地球上的第二大洋，它处在欧洲、非洲和北美洲、南美洲之间。往北，它连接着北冰洋；往南，它和南极洲相接；西南方向，它则以通过合恩角的经线，即西经67度16分，与太平洋为界；东南方向则是以通过厄加勒斯角的经线，即东经20度，与印度洋为界。

占全世界港口数的五分之三

每天在北大西洋航线上的船只平均有4000多艘，大西洋沿岸的港口数量占全世界2000多个港口的五分之三，拥有全世界三分之二的货物周转量和五分之三的货物吞吐量。大西洋港口并不是单以数量多取胜的，在这么多的港口中，世界知名的港口也不在少数，比如欧洲的汉堡港、鹿特丹港、伦敦港、利物浦港、马赛港、热那亚港等；非洲的亚历山大港、开普敦港等；北美洲的纽约港、费城港、新奥尔良港、休斯敦港等；南美洲的马拉开波港、里约热内卢港等。

Part 3

第三章

动物精英汇

最凶恶的蜥蜴

科莫多巨蜥又叫科莫多龙，是世界上最凶恶可怖的蜥蜴，同时也是已知存在种类中最大的蜥蜴。

基本特征

科莫多巨蜥生活在印度尼西亚科莫多岛和邻近的几个岛屿上的丛林中，是世界上现存最大的蜥蜴。成年雄性科莫多巨蜥全长可达3米，是科莫多岛上的顶级食肉动物。

科莫多巨蜥的皮肤粗糙，呈黑褐色，有鳞片，生有许多隆起的疙瘩，口腔里生满巨大而锋利的牙齿。被激怒时，它们会发出"咝咝，咝咝"的声音。

凶恶可怖，爱吃腐肉

科莫多巨蜥是冷血杀手，捕食动物时，凶猛异常，奔跑的速度极快。它们那巨大而有力的长尾和尖爪是捕食动物的工具。通常情况下，它们会以动物腐肉为食，但也吃同类的幼崽猪、羊、鹿等动物，偶尔还会攻击和伤害人类。科莫多巨蜥的唾液中有毒菌，受到攻击的猎物即使逃脱，也会因伤口引发的败血症而死亡。

▼ 科莫多巨蜥

最珍稀的蜥蜴

ZUI ZHENXI DE XIYI

蓝岩鬣蜥可以说是世界上最脆弱、最珍稀的蜥蜴。其生存状况堪忧，几次走到灭绝的边缘，都被人们"拉"了回来，现在境况稍稍好转，但仍是地球上最濒危的物种之一。

▲ 蓝岩鬣蜥

"外刚内柔"

蓝岩鬣蜥是加勒比海大开曼岛上的特有物种，长得挺吓人的：全长可达2米，头比较小，身体侧扁；背鳞很小，鳞尖朝向后上方。虽然蓝岩鬣蜥的外表总会让人联想到凶恶的恐龙或鳄鱼，但实际上，这些样子丑陋的家伙却是世界上胆子最小、性情最温驯的动物之一。当你看到一只没有打盹儿的蓝岩鬣蜥时，那么，它最有可能在做两件事，那就是吃东西和晒太阳。

你知道吗

鬣蜥在蜥蜴中算是大个子，喜欢待在树上，以昆虫、蠕虫、植物为食。它们长长的尾巴就占了体长的2/3。雄性鬣蜥体表一般呈褐色，雌性则呈漂亮的淡绿灰色。

亟须保护

近年来，大开曼岛上农田、草场、公路以及其他类型的地产项目扩张得很快，使蓝岩鬣蜥的栖息地被破坏得很严重，这导致蓝岩鬣蜥的活动范围持续缩小；同时，野猫和流浪犬的掠食以及人类的捕杀也对蓝岩鬣蜥造成了严重伤害。如果再得不到更有效的保护，蓝岩鬣蜥就有可能会很快灭绝。

最爱变色的爬行动物

ZUI AI BIANSE DE PAXING DONGWU

变色龙有着超高的隐匿天赋，是动物王国中最为"善变"的爬行动物。它们具有能随时随地根据所处环境而变色的神奇本领。

外形特点

变色龙是一种非常奇特的爬行动物，它们喜欢生活在树上。变色龙体长为15～25厘米，身体侧扁，呈长筒状，头呈三角形，尾常卷曲，背部有脊椎，四肢稍长，生有善于握住树枝的趾爪。

当之无愧的"伪装大师"

变色龙是当之无愧的"伪装大师"，它们能够在不经意间改变身体颜色，融入周围的环境中。它们的皮肤会随着所处环境的背景色、温度，以及它们的心情而变化。

变色龙之所以能够变换体色，是因为它们皮肤表层内的色素细胞中充满不同颜色的色素。它们的皮肤有三层色素细胞，最深的一层细胞是由载黑素细胞构成，其中细胞带有的黑色素可与上一层细胞相互交融；中间层细胞主要调控暗蓝色素；最外层细胞则主要调控黄色素和红色素。这些分布在不同层细胞中的色素在神经的刺激下交融变换，从而实现变色龙身体颜色的多种变化。

利用颜色来传达信息

变色龙可以通过变色躲避天敌的追杀，也可以通过变色来传情达意……例如，当雄性变色龙为了显示自己对领地的统治权，向侵犯领地的同类示威，体色会呈现出明亮的颜色；而当遇到自己不中意的求偶者时，雌性变色龙会表示拒绝，随之会使自己的体色变得暗淡且显现出闪动的红色斑点；此外，当变色龙意欲挑起争端、发动攻击时，体色会变得很暗。

其他本事

变色龙的眼睛很有特点，两只眼球突出，可以上下左右转动自如；左右眼甚至还可以各自单独活动，不协调一致。这种双眼分工前后注视的本领，既有利于捕食，又能及时发现身体后面的敌害，在动物中非常罕见。变色龙用长舌捕食，其速度快如闪电，只需1/25秒便可以完成。它们的舌头的长度是自己体长的2倍。

·千奇百怪·

马站着睡觉。
狗会喝马桶里的水。

▲ 不同环境下，不同颜色的变色龙

毒性最大的蛇

DUXING ZUI DA DE SHE

蛇是无足爬行类动物的总称。根据生活环境的不同，可分为海蛇和陆蛇。若论毒性强弱，这两种蛇也各有千秋。在本节中，我们会分别介绍毒性最大的海蛇和陆蛇。

► 海蛇

最毒的海蛇

贝尔彻海蛇也叫贝氏海蛇，身长0.5～3米，主要生活在澳大利亚西北部的阿什莫尔—卡捷群岛的暗礁附近，终生生活于海水中。一般来说，它们更喜欢在大陆架和海岛周围的浅水中栖息，有些喜欢在沙底或泥底的浑水中生活，有些却喜欢在珊瑚礁周围的清水里活动。

贝尔彻海蛇是世界上最毒的海蛇。有研究称，按单位容量毒液的毒性来讲，贝尔彻海蛇的毒性是眼镜王蛇的200倍左右。除了贝尔彻海蛇，其他种类的海蛇也有毒。

▲ 拍摄海蛇的潜水员

尽管贝尔彻海蛇毒性惊人，但其性情比较温和，只有受到有敌意的对待时，才会进行攻击。被咬的人多是不小心踩到它们的潜水员和渔夫。

最毒的陆蛇

太攀蛇身长2～3.6米，是陆地上毒性最大的蛇。根据分布地域不同，可分为澳大利亚太攀蛇和新几内亚太攀蛇。前者体色为褐色，头部颜色稍淡；后者体色为乌黑色或褐色，并有一条沿着背脊的橘色条纹。二者有一个明显的共同特点，

▼ 贝尔彻海蛇

就是都有狭长棺木形的头部，使其外表看起来十分凶狠。

太攀蛇也是陆地上连续攻击速度最快的蛇之一，其速度快得人的双眼都看不清，有的人以为自己被咬了一口，实际上却被咬了好几口。它们咬一口分泌出的毒液约有110毫克，能杀死100个成年人或50万只老鼠。其毒液可使受害者的七窍有些微出血，但血液不会凝固。随后，受害者会出现视物重影，全身机能慢慢停顿。最后，瘫痪窒息而死。尽管如此，内陆太攀蛇的性格还是比较温和的，且分布于人迹罕至的荒漠；如果你不捕捉它们，它们是不会主动攻击人类的。

▲ 太攀蛇

▲ 取毒液

毒蛇种类并不多

一说起蛇来，人们都会感觉很恐惧，因为如果被这种凉冰冰的动物咬一口的话，很可能就一命呜呼了。其实，事情的真相并非如此，世界上大约有2500种蛇类，有毒的只是其中很小的一部分，大约有700种。不过，我们也千万不能大意，即便是很少的一部分蛇类有毒，也要小心谨慎，避免被蛇咬伤。

▼ 太攀蛇

最大的两栖动物

ZUI DA DE LIANGQI DONGWU

有一种动物的叫声很像婴儿的啼哭声，又喜欢像鱼一样生活在水中，所以得名"娃娃鱼"。它们主要分布在亚洲，是世界现存最大、最珍贵的两栖动物，它们就是大鲵。

外形特点

大鲵喜欢生活在水质清澈、含沙量少、水流湍急且有回流水的洞穴或者山区的溪流中。大鲵一般身长60～70厘米，体重为20～30千克；大的身长达1.8米，体重为60余千克。它们的头部扁平，有长满利齿的大嘴，它们的眼睛没有眼睑，视力不是很好。身体前部扁平，至尾部逐渐转为侧扁，四肢短扁，体表光滑无鳞，但有各种斑纹。大鲵的体色可随环境的变化而变化，但一般多呈灰褐色。

▲ 大鲵

性格凶猛

大鲵是一种生性凶猛的两栖动物，以水生的昆虫及鱼、蟹、虾、蛙、蛇等动物为食。它们一般都匿居在山溪的石隙间"守株待兔"，一旦发现猎物经过，便会突然袭击。大鲵口中的牙齿又尖又密，猎物进入口内后很难逃掉。大鲵并不会立即品尝美味，而是将食物囫囵吞下，然后在胃中慢慢消化。它们有很强的耐饥本领，同时也会暴食，饱餐一顿可增加体重的1/5。

最大的蛙
ZUI DA DE WA

非洲巨蛙是蛙类家族中最大的种类，成年巨蛙体重可达2.8千克，若是让它们的腿完全伸直，身长可达2米多。

▲ 非洲巨蛙

🔍 生活在热带雨林中

顾名思义，非洲巨蛙的原产地在非洲。这种巨大的蛙类生活在喀麦隆南部和赤道几内亚北部炎热潮湿的原始森林和大河中，以昆虫、蝎子等为食，偶尔也吃其他蛙类。

· 千奇百怪 ·
鹦鹉没有声带。
狗每分钟可呼吸300次。
杂色猫大多是母猫。
豚鼠一出生就会走路。

🔍 濒临灭绝

曾几何时，在喀麦隆南部热带雨林的河谷中，非洲巨蛙很常见；时至今日，再想找到这种巨蛙已经非常难了。科学家调查发现，非洲巨蛙对生存环境有着十分严格的要求，它们只能在喀麦隆和赤道几内亚地区的森林里生存。近年来，由于附近的村民过度砍伐森林开荒种田，严重破坏了它们生存的环境，加上河水污染和当地人的大肆捕杀，非洲巨蛙正面临灭顶之灾。

◀ 由于人类的滥杀，巨蛙的数量已经明显减少。

恐龙之最
KONGLONG ZHI ZUI

▲ 恐龙头骨

很久很久以前，恐龙是世界的霸主，它们种类繁多，体形各异，至中生代末期灭绝。至今人们还不清楚导致其灭绝的具体原因。

最早的恐龙

始盗龙的生存年代非常早，大约在距今2.2亿年前的三叠纪晚期，是目前发现的生存年代最早的恐龙。

始盗龙的个头儿非常小，成年后体长约为1.2米，跟现在的狗差不多大。它们后肢粗壮，前肢短小，是一种主要靠后肢行走的肉食性恐龙。它们有尖牙利齿，前牙呈树叶状，和植食性恐龙的牙很像，但是后牙却和肉食性恐龙的牙很相似，都长得像槽一样，这一特征表明始盗龙很可能既吃植物又吃肉。它们就像凶猛的王者，相对其他生物来说，有着非常明显的优势，能够迅速猎杀猎物。

牙齿最多的恐龙

鸭嘴龙是牙齿最多的恐龙。鸭嘴龙生活在1亿年前的白垩纪晚期，以植物为食，是当时数量最多、分布最广的植食性恐龙。鸭嘴龙有很多种，属于鸟臀类恐龙。

鸭嘴龙的名字缘于它们长着一个和鸭嘴相似的嘴巴。它们的口部宽大扁平，口中长着倾斜的菱形牙齿，密密麻麻的，大概有800颗。如果有的牙齿被磨光了，就会长出新的来代替。鸭嘴龙关节系统很发达，能推动上下颌自由运动，加之上下颌的牙齿是交错咬动的，所以鸭嘴龙很容易把一些坚韧的植物切断并磨烂。它们是非常有效率的进食机器。

脖子最长的恐龙

马门溪龙是生活在侏罗纪晚期的蜥脚类恐龙，属于植食性动物，主要分布在中国。马门溪龙的体长和网球场差不多，可达20多米，光脖子的长度就几乎占据了其全长的1/2，堪称恐龙脖长之最。马门溪龙的尾巴也很长，可以使它拥有长脖子的身体保持平衡。

马门溪龙有世界上最长的脖子，大约是长颈鹿脖子长度的3倍。马门溪龙的脖子由长长的、相互叠压在一起的颈椎支撑着，因而十分僵硬，转动起来十分缓慢。它脖子上的肌肉相当强壮，支撑着它蛇一样的小脑袋。

最大的翼龙

ZUI DA DE YILONG

翼龙曾主宰着整个天空，它们比现在的任何鸟类都凶残。尽管身躯庞大，但飞行技巧却极为高超，有时飞行一次，甚至可以穿越半个地球。风神翼龙是翼龙中最大的一类，其展开双翼时，堪比超大而灵巧的滑翔机。

▼ 风神翼龙模型

翼龙之王

　　风神翼龙又叫披羽蛇翼龙，生存于白垩纪晚期，重约500千克，翼展可达12米，站起来的高度可以和长颈鹿媲美，比已知的任何能飞的动物都要高大。它们看上去丑陋而凶残：头上有脊冠，位于眼眶前上方；嘴巴又细又长，里面没有牙齿；脖子有2米多长；当一对大翼舒展开从地面飞过时，几乎能遮天蔽日；腿也很长，可以平衡它们大大的头部。

古怪的习性

　　风神翼龙新陈代谢很快，需要定期进食。有科学家推测，它们和秃鹫一样是食腐动物。用餐时，它们将长长的脖子伸入死亡恐龙的尸体里取食。除了腐肉，风神翼龙也爱吃鲜肉，它们在高空中可以轻而易举地看到地面上哪里有小幼龙，有没有父母保护。一旦锁定目标，便会迅速展开攻击。

　　风神翼龙欺软怕硬，一般不敢和陆地上生活的成年食肉恐龙对峙，如果遇到霸王龙等前来攻击，它们会及时调整身体，回到天空。

5米

3.5米

1.8米

最大的鳄鱼
ZUI DA DE EYU

鳄鱼可以算作是最令人恐惧的动物之一。一提到它们，大家立刻就会想到血盆大口、密布的尖利牙齿、坚硬的鳞甲，以及时刻准备吃人的凶恶神态。鳄鱼的凶恶众所周知，其中湾鳄是最大、最凶残的一种。

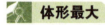 体形最大

湾鳄又叫咸水鳄、河口鳄，主要分布于印度、斯里兰卡、马来半岛至澳大利亚北部。其躯干呈长筒状，四肢粗壮，尾巴又长又粗，十分有力。成年湾鳄全长6~10米，是现存最大的爬行动物。

凶残无比

湾鳄的食物包括猴子、袋鼠、水牛、鲨鱼，甚至连人类都可以包括在内。湾鳄袭击人的记录并不少见，因此，它们又被称为"食人鳄"。捕猎过程中，湾鳄纯以强大的力量取胜。它们能够将猎物强行拖下水，利用力量强大的颚咬住猎物，然后开始在水中旋转，以此撕扯猎物的身体。湾鳄的这种捕猎技巧被称为"死亡翻滚"。

你知道吗

长久以来，鳄鱼的流泪行为都被认为是由于鳄鱼肾脏的排泄功能不完善，所以体内多余的盐分要依靠眼睛附近的盐腺排泄出来。然而，澳大利亚悉尼大学的两位科学家经过研究后证实，鳄鱼流泪不是为了排泄盐分，而是为了润滑眼球。

现存最大的动物

XIANCUN ZUI DA DE DONGWU

现存动物中体形最大的当属蓝鲸。它们不仅是目前地球上最大的鲸，也是迄今为止地球上现存最大的动物。

▲ 蓝鲸模型

舌头上能站50个人

蓝鲸究竟有多大？可惜我们没有精确的数据。目前人们掌握的资料取自20世纪上半叶在南极海域捕杀的蓝鲸，数据由并不精通标准动物测量方法的捕鲸人测得。有记载的最长的蓝鲸为两头雌性鲸，分别为33.6米和33.3米。蓝鲸的体长一般在22~33米，重量为150~180吨。一头成年蓝鲸的体重相当于25只成年非洲象或者2000~3000人的重量总和。光是它的舌头上就能站50个人。

千奇百怪

刚生下来的蓝鲸宝宝约有7米长，体重比一头成年象还重。经过几个月的哺乳后，蓝鲸宝宝的体重会迅速增长到20多吨，体长可达十几米，并开始学着张嘴吞食各种浮游生物。5岁之后的蓝鲸才算成年。

▼ 蓝鲸搁浅

超大的肺容量

蓝鲸虽然生活在大海里，但它们同其他哺乳动物一样，用肺呼吸。蓝鲸的肺的重量为1000多千克，能容纳1000多升的空气。这样大的肺容量，使它们呼吸的次数大大减少，每隔10~15分钟才露出水面呼吸一次。

陆地上最大的食肉动物

LUDI SHANG ZUI DA DE SHIROU DONGWU

很久很久以前，一群棕熊跋山涉水来到北极。北极天寒地冻，终年一片银白，为了伪装自己，以便更好地捕猎，这些棕熊的皮毛随着时间的推移而变白，渐渐演化成了白熊——北极熊。

独孤求败

北极熊是最大的陆地食肉动物。成年北极熊直立起来可高达2.8米。雄性北极熊的体重一般为400～800千克，雌性的体重一般是雄性的一半。超大的块头、巨大的力气以及能跑能游等本领，使北极熊俨然成了北极大陆上的霸主，没有动物敢与之抗衡。

抗冻的勇士

北极熊常在冰水中寻找食物。在长距离游泳后，它们会在雪地上滑稽地打几个滚，这不是表演，而是让自己感到凉快的一种方式。北极熊的大块头有利于保温，因为一般而言，体形大的动物比体形小的动物散热更慢。北极熊的厚皮毛有两层，当身体被弄湿的时候，外层皮毛就会凝成团状，形成一个平顺的防水层。皮毛下是厚厚的脂肪，可以抵抗严寒。

2.8米

2米

1.7～1.9米

北极熊　　棕熊　　黑熊

生存越来越难

北极熊的嗅觉十分灵敏，可以嗅到数千米外海豹的味道，然后花几个小时的时间去捕猎。它们总是在漂浮的海冰面上捕猎。

近年来随着气候变暖，大量的北极冰川正不断融化。糟糕的是，冰川融化的速度越快，就越多地造就了冰川瀑布，从而使冰川之间的距离越来越大。现如今，北极熊想捕食到海豹越来越困难了，它们往往要走很长的路，游很远的水，无功而返也已经不是什么稀罕事。当找不到海豹等食物时，它们就只好凑合着找一些东西来吃，这严重制约了它们的生存。

伟大的北极熊妈妈

雌北极熊给予子女的爱，丝毫不比人类差。熊妈妈往往要带着熊宝宝，连续不停地游上好几天，长途跋涉地寻找食物。由于食物紧缺，路途艰险，有的熊宝宝不幸夭折。

除了大自然带来的磨难，熊妈妈还要时刻警惕雄性北极熊们的袭击。雄性北极熊虽然更喜食成年海豹，可当饥饿难耐时，也会对熊宝宝下手。一旦雄北极熊瞄准毫无防备的幼崽，往往会不达目的不罢休。对于熊宝宝来讲，唯一的办法便是寸步不离熊妈妈的左右。尽管雌北极熊的块头是雄北极熊的一半，但为了孩子，熊妈妈会拼命对抗强敌，甚至付出生命。

陆地上最大的哺乳动物

LUDI SHANG ZUI DA DE BURU DONGWU

非洲象是现存陆地上体形最大的哺乳动物。历史上，非洲象居住在撒哈拉沙漠以南的地区，但由于人类的侵犯和农业用地的不断扩张，它们的栖息地范围已经变得越来越小。

身躯庞大

非洲象身躯庞大笨重，成年雄性非洲象肩高一般在3.5米左右，最轻的约3吨，最重的重约8吨。远远看去，非洲象的四条腿就像四根粗粗的柱子。生在头颈两侧的大耳朵不停地呼扇着，如同巨大的蒲扇。非洲象的皮非常厚，没有毛，但有很多褶皱。它们的鼻子很长，还有一对2米多长的象牙。

▲ 象牙工艺品

▲ 非洲象

母象是头领

非洲象喜欢群居。一个象群通常由8～30只大象组成。与狮子之类的猛兽不同，象群通常并不是由雄象做头领，而是由年龄较长、有威信的雌象统率。象群成员大多是它的雌性后代，雄象一般长到15岁时就必须离开群体，只有在交配期间才偶尔回到群体中。

群体中有严格的等级制度，它们在行动时要按照地位高低进行排序，无论吃喝、交配和走路都秩序井然，群体中的成员之间通常都十分友好。

非洲象　　　　　亚洲象

　　和亚洲象相比，非洲象个头儿更大，耳朵更大；非洲象无论是雌性还是雄性都有象牙，而亚洲象只有雄性有象牙。

非洲之王

　　成年的非洲象身躯庞大，在非洲草原上几乎所向无敌，但它们的脾气相对温和，只有被惹怒的时候才会狂暴起来。这时，就算是狮子也会被吓得惊恐而逃。不过年幼的小象却无力抵挡狮子、鬣狗、

▲ 非洲象戏水

野狗以及秃鹫等动物的袭击，所以在群体进行长距离、大规模的迁移时，幼崽必须紧紧跟上队伍，母象要不离左右地保护孩子。

非洲象的坟场

　　人们很难找到野生非洲象自然死亡后的残骸。有人推断，那些残骸可能隐藏在某些神秘难寻的非洲象坟场里。其实，坟场是人们编造出来的。非洲象死了以后，很快就被其他动物分食了。如果遇到暴雨降临或河水泛滥，尸骨和象牙也可能被洪水冲散，或隐于泥沙。即使有留下的象牙，久而久之，也会因炎热、潮湿的气候而被腐蚀掉。

最大的灵长类动物

ZUI DA DE LINGZHANG LEI DONGWU

大猩猩是灵长目猩猩科大猩猩属类人猿的总称，是灵长目中最大的动物，生存于非洲大陆赤道附近的丛林中。

体形巨大

大猩猩主要分布于非洲的喀麦隆、加蓬、几内亚、刚果、扎伊尔、乌干达等地区。其一般被认为有3个分支，分别是西部低地大猩猩、东部低地大猩猩和山地大猩猩。雄性大猩猩高约1.65米，雌性高约1.4米。大猩猩体形雄壮，除了面部和耳朵，其他部位都长有黑褐色的粗毛，有点儿发灰，年老时灰毛会增多。它们上肢比下肢长，没有尾巴，眼睛小，鼻孔大，犬齿特别发达。它们虽常常用双足站立，但行走时仍是四肢着地。

外刚内柔

虽然大猩猩看起来十分吓人，总是一副凶巴巴的样子，还经常咆哮，但实际上，它们的性格非常温和，极其怕羞，一般情况下不主动攻击人，往往碰到人就会躲开。只有当子女受到威胁时，大猩猩才会捶胸咆哮，毫不犹豫地攻击对方。

一般情况下，大猩猩的日子过得比较舒坦，总在非洲森林的家园里闲逛、嚼枝叶或睡觉，很是惬意。

银背大猩猩

　　大猩猩过着群居的生活，每个由一头被称为"银背"的成年雄性大猩猩领导。有些情况下，一个群中会有2头或多头雄性，但除了首领外，其他雄性都没有与雌性交配的权利。群的大小从2～30头不等，平均为10～15头。银背大猩猩需要担负起解决群内冲突、决定群的行止和行动方向、保障群的安全等任务。它还要带领大家寻找食物，并找地方供大家晚上休息。大猩猩通常折弯树枝来搭窝睡觉。

　　银背大猩猩用喊叫或捶胸等恐吓方式赶走其他雄性大猩猩。假如一个群中原来领头的雄性病死或者意外死亡，这个群很可能分裂，群成员会去寻找并加入其他的群。

素食主义者

　　大猩猩是素食动物，特别喜欢吃香蕉树那多汁且带点儿苦味的树心。它们的主要食物是果实、叶子和根，其中叶子占主要部分。它们的前肢特别灵活，能迅速拿到食物并放进嘴里。更神奇的是，大猩猩还会清洗食物，当发现食物上沾有泥垢或其他残留物的时候，它们会迅速地在水里清除泥垢等物，然后再将食物吃掉。

现存最原始的哺乳动物

XIANCUN ZUI YUANSHI DE BURU DONGWU

鸭嘴兽是未完全进化的哺乳动物，被称为现存最原始的哺乳动物。它们早在2500万年前就已出现，至今仍生活在澳大利亚。

▲ 鸭嘴兽游泳

得名于鸭子

鸭嘴兽的身体肥而扁，有一个像河狸一样短而阔的尾巴。它全身长满了柔软的皮毛，扁扁的嘴和带蹼的脚，使其看起来酷似鸭子，所以得名鸭嘴兽。成年雄性鸭嘴兽体长约60厘米，雌性体长约46厘米，而且雄性通常比雌性重。

鸭嘴兽是夜行性生物，喜欢白天睡觉，夜晚出来活动。它们大多时间都在水里活动，是游泳能手。它们爱吃一些小的水生动物，如昆虫的卵、虾米和蠕虫等。

鸭嘴兽的一生

鸭嘴兽虽为哺乳动物，但却不是胎生而是卵生（由母体产卵，像鸟类一样靠母体的温度孵化）。鸭嘴兽妈妈的腹部两侧分泌乳汁，幼崽就伏在妈妈腹部上舔食。哺乳期大约为5个月。幼崽靠母乳喂养4个月左右才能自己外出觅食，2岁多便算成年，寿命一般为10~15年。

▲ 鸭嘴兽哺乳

▼ 正在觅食的鸭嘴兽

你知道吗

鸭嘴兽是极少数用毒液自卫的哺乳动物之一。雄性鸭嘴兽的髁部有一根空心的刺，在用后肢向敌人猛戳时会放出毒液。这些毒液可使人产生神经损伤、肌肉收缩和血液凝固等症状。所以我们如果在野外遭遇鸭嘴兽，绝不能掉以轻心。

最懒的哺乳动物
ZUI LAN DE BURU DONGWU

动 物王国中，以勤劳著称的动物有很多，比如众所周知的蜜蜂。但有一种动物竟然以懒闻名，就连其名字中也带有"懒"字呢！它们就是树懒。

▲ 树懒

 ## 懒得出奇

　　树懒大多数时间都待在树上，喜欢吃树叶、嫩芽和果实。它们的外形和猴子有些相似，有短粗的小尾巴，主要生活在南美洲的潮湿树林中。可能因为树懒太懒了，很少移动，所以很多地衣和藻类在其身上生长，远远望去，树懒就像长满了绿油油苔藓的枯树桩。正如它们的名字一样，树懒除了懒洋洋地待在树上，其他什么事都懒得做，懒得去吃，也懒得去运动。甚至在遭遇危险的时候，它们的行动也是慢吞吞的。

树懒为什么这么懒

　　据说树懒吃的某些叶片中含有一些麻醉成分，因此它们的行动和反应速度才会如此迟缓。同时，由于它们所吃的食物含有极少的能量，所以它们不得不减少运动，以免能量流失。另外，一动不动地待在树上还可以避免自己被天敌发现。看吧，懒惰对于树懒而言，还是一种不错的自卫手段哪！

▼ 偶尔下地活动的树懒

个子最高的动物

GEZI ZUI GAO DE DONGWU

在非洲大陆的广阔草原上生活着一种神奇的动物，它们的身材非常高大，体表的斑点像豹，四蹄似牛，它们就是长颈鹿。

最高的动物

长颈鹿身高可超过5米，颈部平均长度超过2米。它们依靠四条外翻的长腿支撑着滚圆的身躯，行走时宛如踩着高跷，呈现出非凡的气度。它们的头顶上生有一对角，终生都不会脱落，皮肤上的花斑网纹则为一种天然的保护色。由于腿部过长，长颈鹿饮水时十分不便，要叉开前腿甚至跪在地上才能喝到水。

为什么脖子那么长

长颈鹿的脖子之所以长，是因为其要与其他物种竞争食物。非洲辽阔的草原养育着数目庞大的食草动物，对于这些动物来说，在这张巨大的"餐桌"上找到足够的食物是一项极大的挑战。当地上的草变得越来越稀少时，长颈鹿为了生存只能选择采食高处的植物。为了能够吃到高处的植物，它们必须努力伸长脖子，在不断进化的过程中，它们的颈椎骨变得越来越长，长颈鹿长长的颈部就是这样形成的。

你知道吗

长颈鹿的身高要求它们有比普通动物更高的血压，因为只有这样，心脏才能把血液输送到距离很远的大脑。

长颈鹿身高腿长，四肢可前后左右踢打，踢打范围广，力量大。如果成年狮子不幸被长颈鹿踢中，会立马腿断腰折。

睡眠很少

长颈鹿大多时候是站着睡觉的。炎热的午后，有的长颈鹿会躺下休息一会儿，当然前提是得有同伴提供警戒。长颈鹿的这种休息一般只持续几分钟。它们休息时能将脖子绕到身后，就像狗一样。不可思议的是，它们的生命仅靠小睡便可维持，24小时内的睡眠时间

平均约20分钟。长颈鹿无法快速站立起来，当它们准备站起来时，会前后摆动身体，积聚能量，然后一鼓作气，一跃而起。

用脖子来决斗

和许多社会性哺乳动物一样，雄性长颈鹿在追求雌性时，需要击败其他追求者。但是由于它们头部高高在上，根本不可能用来攻击对手，所以它们就用脖子猛击对方。搏斗可能会持续几小时，直到最后，双方以人类无法察觉的方式决出胜负，胜利者拥有了与雌性交配的权利，失败者则黯然离去。

◀两只雄性长颈鹿在嬉闹

最挑食的哺乳动物

ZUI TIAOSHI DE BURU DONGWU

树袋熊又叫考拉，是澳大利亚的国宝，也是澳大利亚奇特的珍贵原始树栖动物。其主要分布在澳大利亚大分水岭的东北部。

酷似小熊，懒惰成性

树袋熊身长60～70厘米，体态憨厚，四肢粗壮，生有一对大耳朵。和树懒一样，树袋熊也是一种树栖动物，但和树懒几乎终生不下树不同，树袋熊偶尔会因更换栖息树木或吞食帮助消化的砾石而下到地面。树袋熊喜欢在夜间和晨昏时活动，因为在这些时段活动更能减少体内水分与能量的消耗。它们这种几乎整天都处于昏昏欲睡状态的特性，是在长期进化的过程中形成的，与其食用的低营养食物有关。

▲ 树袋熊进食

只吃桉树叶

树袋熊对食物非常挑剔，它们只吃生长在澳大利亚的桉树叶。要知道，桉树叶不仅营养价值特别低，而且对其他动物来说，还具有很大的毒性。为了适应这一低营养且有毒的食物，长期以来，树袋熊进化出

◀树袋熊

▲ 澳洲野狗是树袋熊的天敌之一

了一套非常完善的消化系统与机制，它们的肝脏十分奇特，能分离出桉树叶中的有毒物质。树袋熊的胃口很大，却很挑食，即使是桉树叶，也只吃其中少数的几个种类而已。它们特别喜欢吃玫瑰桉树、甘露桉树和斑桉树的叶子。

挑食的习惯源自环境变化

　　树袋熊并不是一开始就如此挑食，它们的这种变化是从很久以前澳洲大陆板块脱离南极板块之后开始的。在板块漂移过程中，气候越来越炎热，澳洲大陆变得越来越干燥，一些树木开始进化，并最终形成桉树。而一直依靠这些树木生活的树袋熊经过千百万年的进化，就成了现在这个样子。

·千奇百怪·

　　尽管狐狸看起来很娇小，但它们的确属于犬科，是狗和狼的亲戚。

　　老虎是游泳高手。

　　如果你握住狗的嘴，它们就没法把身上的水抖掉。

　　仓鼠的牙齿一生都在不断生长。

很少喝水

　　树袋熊很少下地饮水。在澳大利亚，它们有个名字叫"克瓦勒"，在土著语中就是"不喝水"的意思。之所以能坚持这么长时间不喝水，是因为它们从桉树叶中得到了足够的水分。

短跑最快的动物

DUANPAO ZUI KUAI DE DONGWU

如果动物界举行运动会，短跑金牌肯定会被猎豹收入囊中。它们每小时的速度甚至能够达到115千米。有人曾驾车追逐猎豹，却只看到猎豹吃剩下的猎物残骸，猎豹早已不知去向，大有"来无影，去无踪"的神秘感。

猫科家族中的异类

猎豹是猫科动物的一种，它们的头比较小，鼻子两边各有一条明显的黑色条纹，条纹从眼角处一直延伸到嘴角。这两条条纹有利于吸收阳光，使猎豹的视野更开阔。其他猫科动物都没有这一特征。猎豹身长1.4～2.2米，高0.75～0.85米，体重50～80千克，毛色金黄，点缀着黑色实心圆点。

▲ 非洲猎豹的主要食物为各种羚羊。在食物匮乏时，它们也会袭击斑马，另外，鸵鸟也是它们经常捕食的对象。

速度——生存的法宝

很久以前，猎豹的祖先个头儿都很大，渐渐与变化的环境不相适应了，于是它们开始演变，身体结构逐渐发生了很大变异。

现在的猎豹依靠世所罕见的奔跑速度来捕猎，而不像其他猫科动物，依靠偷袭或者群体攻击捕猎。猎豹之所以能成为动物中的短跑冠军，首先是因为它们的流线型体形，在奔跑时可以大大减少空气的阻力；其次是它们具有强有力的四肢

美洲豹体形更粗壮，脸上没有细长黑纹，身上的花纹也呈梅花状，但中间是实心黑点。

花豹会爬树，脸上没有细长黑纹，身上的花纹呈空心梅花点状。

猎豹脸上有两道细长的黑纹，身上的花纹是实心黑点。

和能掌握平衡的尾巴，并且它们的脚爪伸展后能稳固地紧抓地面；最后是它们有着有力的心脏、特大的肺部及粗壮的动脉。

猎豹的苦恼

猎豹虽然奔跑的速度快，但持续奔跑的能力却很差，因为长时间高速奔跑会让它们因体温过高而死亡。这导致了它们如果不能在短时间内捕到猎物，就不得不放弃，等体温下降后，再等待下一次捕猎的机会。

▲ 小猎豹在嬉戏

生存不容易

猎豹非常警觉，行走的时候不时停下来东张西望，看看有没有可以捕食的猎物，这样也是为了防止其他猛兽捕食它们。猎豹有很多敌人，比如"百兽之王"狮子、会爬树的花豹、狡诈的鬣狗等。很多时候，猎豹辛苦捕来的猎物会被其他食肉动物抢去，而猎豹只能无奈地离开，因为一不小心，自己和幼崽也会葬送敌口。

你知道吗

藏羚羊是长跑最快的动物之一。千万年来，它们出没在冰天雪地中，与严寒为友，自由自在地生息着。然而，由于它们身上的毛皮非常珍贵，其众多的栖息地正在变成一个个屠宰场。要不是有政策保护和相关人员的积极奔走，它们早已灭绝。

雌雄差异最大的猫科动物

CI XIONG CHAYI ZUI DA DE MAOKE DONGWU

猫科动物在动物王国中鼎鼎有名，它们的生活区域极广，除南极洲以外，各大陆都能看到它们的身影。它们大多数都善于隐蔽，捕猎天赋极高。在已知的猫科动物中，唯有狮子雌雄两态（雄性和雌性长得差别很大）。

▲ 成年雄狮

形体特征

狮子绝对算是猫科动物中居于上层的动物。雄狮体魄雄壮，体长1.7~1.9米，尾长0.9~1.05米，体重200~300千克，头颅很大，面部宽阔，从头部到颈部生有又长又厚的鬃毛，非常引人注目。雌狮体形相对较小，体长1.4~1.75米，尾长0.7~1米，头颈没有雄狮那威武漂亮的鬃毛。不过是无论是雄狮还是雌狮，它们身上的毛通常都是黄褐色或暗褐色，尾端有长长的毛丛。

▲ 幼狮

喜欢群居

狮子不仅是猫科动物中雌雄差异最大的，也是唯一群居的一类。通常情况下，一个狮群有20~30个成员，这些成员中至少有一头成年的雄狮，狮群的多数成员是母狮以及正处于成长过程中的狮子宝宝。狮群中虽然可能有好几头成年雄狮，但只有一头是首领，即这群狮子的王。

▲ 叼着幼狮的母狮

雄狮通常不捕猎

在狮群中，雌狮们是主要的狩猎者；而雄狮们的任务是守护领地，驱逐外来者。虽然多数情况下雄狮不狩猎，但它们的狩猎能力仍不容小觑。在对付大水牛、成年河马等大型猎物时，还是雄狮坚硬的利爪和强有力的犬齿更管用些。在狮群内部的进食顺序上，雄狮具有无可非议的优先权，母狮次之，而幼狮们则只能等着捡些碎骨残肉。

▲ 雄狮和母狮

吃饱一顿能顶一个星期

狮子的捕食对象非常广泛，从体形娇小的瞪羚，到体形庞大的水牛，甚至连河马都是它们的美食，但它们更愿意猎食体形中等偏上的有蹄类动物，比如斑马、黑斑羚以及其他种类的羚羊。有时候狮子还会打野猪和鸵鸟的主意。它们甚至会靠威吓或者使用武力从袋狼口中抢下腐肉。

如果非得为狮子列出一张食谱，上面可能会包括非洲大陆上体重超过1千克的所有哺乳动物、多种鸟类和一些爬行动物。一只成年雄狮一顿吃下34千克以上的肉后，可以休息一个星期再去猎食。

最大的鱼
ZUI DA DE YU

世界上最大的鱼是鲸鲨，其是鲨鱼的一种。据记载，最大的鲸鲨身体长达20米，重达十几吨。

外表出众

通常情况下，鲸鲨的体长在10米左右，有一个宽约1.5米的嘴巴，嘴巴里生有300多排细小的牙齿，两只小眼睛位于扁平头部的前方。鲸鲨还长有5对巨大的鳃。鲸鲨的背部大部分都呈灰褐色或青褐色，腹部通常是白色的。据生物学家研究，每一条鲸鲨身上的斑点都是独一无二的，正是由于这个特点，生物学家可以根据它们身上的斑点来分辨不同的个体，并统计它们的数量。

▲鲸鲨

性格温和

一提起鲨鱼，小朋友们肯定立刻就联想到那恐怖的大口和吓人的牙齿，但并不是所有的鲨鱼都吃人，鲸鲨就是不吃人的鲨鱼。虽然鲸鲨有着相当巨大的身躯，但它们的性格却很温和，几乎没有什么攻击性，也不会对人类造成严重的危害。它们还会与潜水员嬉戏，有时甚至会让人骑乘。

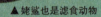
▲ 姥鲨也是滤食动物

你知道吗

鲸鲨是一种滤食性动物，是通过过滤方式来吃东西的。滤食性动物包括主动滤食者和被动滤食者两类。它们将鳃和（或）口中齿当作滤网，通过水的吸入与吐出而滤取小型浮游生物和鱼类。除了须鲸，一些鱼（如鲢鱼、沙丁鱼）也是滤食性动物。

游速最快的鱼

YOU SU ZUI KUAI DE YU

▲ 速度飞快的箭鱼

旗鱼是海中的游泳冠军。据说，游得最快的旗鱼游速每小时能达110千米。比较常见的旗鱼有雨伞旗鱼、立翅旗鱼、黑皮旗鱼、红肉旗鱼等。

急速游动的"旗帜"

旗鱼看上去十分神气，体长2～3米，上颌像利剑一样向前突出，青褐色的身躯上，点缀有灰白色的圆斑。旗鱼的第一背鳍又长又高，前端上缘凹陷，背鳍竖展的时候，仿佛是扬起的一只风帆，又像是扯着的一面旗帜。旗鱼的名字也是由此而来。

▲ 旗鱼

海洋中的"飞箭"

在美国佛罗里达半岛大西洋海域，人们曾经观察记录了旗鱼的游速。有一条旗鱼，用了3秒钟的时间，游了91.44米，合时速约110千米。

旗鱼在海洋中游动的时候，为了减少水的阻力，会放下背鳍，长剑一般的上颌直刺向前方，将水从中分开，强而有力的尾鳍不断摆动，进而像离弦的箭一样飞速前进。

· 千奇百怪 ·

旗鱼上颌那像利剑一般的吻突非常坚硬，是它们的利器。据有关资料记载，第二次世界大战期间，曾经有一条旗鱼在大西洋上，用它利剑般的吻突刺穿了一艘叫"巴尔巴拉"号英国油轮的侧舷钢板。

最凶残的海洋捕猎者

ZUI XIONGCAN DE HAIYANG BULIE ZHE

虎鲸被称为"海洋之王"不是没有原因的，它们虽然块头没有蓝鲸大，但善于进攻，性情极为凶猛，不仅猎食企鹅和海豹，还捕杀其他鲸类，即便令其他海洋生物闻风丧胆的大白鲨，也不是它们的对手。

技巧高超的猎杀者

虎鲸头部圆润，背呈黑色，腹为灰白色，有一个尖尖的背鳍，略呈三角形，位于背部中央，嘴巴细

▲ 虎鲸头骨

长，牙齿粗大锋利。虎鲸拥有出色的猎杀天赋。群居的虎鲸最常采用团队作战的方式捕猎，它们利用超声波互相沟通和策划战术。虎鲸智商很高，善于伪装，有时会将腹部朝上，一动不动地漂浮在海面上，像一具死尸，等乌贼、海鸟、海狗等动物接近的时候，就突然翻过身来，张开大嘴把猎物吃掉。

海洋中的"语言大师"

据科学家检测，虎鲸是海洋中名副其实的"语言大师"，能发出数十种不同的声音。这些声音并不是它们胡乱发出的，每一种都有不同的含义，有的表示进攻，有的表示停止，有的表示撤退……

▼ 大白鲨

▼ 虎鲸

Part 4
第四章

植物连连看

最孤单的木本蕨类植物

ZUI GUDAN DE MUBEN JUELEI ZHIWU

在植物进化史上，蕨类植物的辈分仅排在藻类和苔藓之后，位列第三。然而现在，蕨类植物的辉煌已经被被子植物取代了，很多种类都已消失。最可怜的要数木本蕨类植物了，现在仅剩桫椤一种。

▲ 桫椤

蕨类植物之王

泥盆纪末期至石炭纪时，蕨类植物大多是高大的树木，种类繁多，然而到二叠纪以后至三叠纪时大多都灭绝了。现在生存的蕨类植物绝大多数都是草本植物。

桫椤被称为"蕨类植物之王"，是仅存的木本蕨类植物。它们喜欢生活在山地溪边或者疏林中，乍看上去，和椰子树有点儿像。其茎高高的，一般有3~8米；叶柄和叶轴是深棕色的，上面长满了小刺；叶片很长，一般有1~2米，长在树顶，向四面飘垂着。如果你把叶片反转过来，可以在背面看到许多星星点点的东西，这些东西叫孢子囊，孢子囊中长着许多孢子。要知道，桫椤不开花，也不结果，更不会有种子，它们就是靠这些孢子来繁衍后代的。

树皮色彩最丰富的树

SHUPI SECAI ZUI FENGFU DE SHU

彩虹桉树学名"剥桉"，被称为世界上最孤独的桉树。因为北半球只有这一种桉树，其他种类的桉树则生活在遥远的南半球。令这种树闻名遐迩的主要原因是它们的树皮拥有黄色、绿色、橙色甚至紫色等多种颜色，看上去恍若彩虹，色彩斑斓。

树皮多彩的原因

为什么彩虹桉树的树皮如此绚丽多彩呢？原来，这种与众不同的彩色是因树皮在不同时间脱落所致。每种颜色的树皮都代表一定的年龄，新脱落的外皮所在的位置由亮绿色的内皮所取代。随着年龄的增大，树皮颜色逐渐变暗，由绿色变成蓝色，随后由蓝色变成紫色，而后又变成橙色和栗色。

▲ 彩虹桉树树皮

见一面不容易

即使在北半球，彩虹桉树也不常见。如果你想一睹它们的英姿，最好去印度尼西亚、巴布亚新几内亚或者菲律宾等国家，因为这些地方是彩虹桉树的原产地。不过随着它们的威名远扬，越来越多的国家开始引种，如马来西亚、斯里兰卡及中国等。

千奇百怪

以色列的一个研究小组声称，植物也许可以聆听它们周围的谈话。他们通过实验发现，豌豆植株能够偷听邻居的谈话，并可以在危机时刻发送警戒信号。类似现象也出现在卷心菜上，它们也有互相沟通的迹象。

最粗的药用树

ZUI CU DE YAOYONG SHU

▲ 猴面包树的果实

在非洲广袤的热带草原上，生长着一种外形古怪的大树，它的名字叫作波巴布树。这个名字因为太过生僻而鲜为人知，但若说起它们的另一个名字，肯定广为人知——猴面包树。

"大胖子树"

猴面包树属于木棉科植物，是地球上最古老而奇特的树种之一。这种树主要分布于非洲大陆、北美部分地区和马达加斯加岛，其中尤以马达加斯加岛地区的猴面包树种类最全，并且存在成片的猴面包树林。

猴面包树的树干很粗，最粗的大概要40个成年人手牵着手才能勉强围住。它们的树冠直径可达数十米，远远看去就像一个个圆滚滚的大胖子，所以当地居民又称其为"大胖子树"。

猴子爱它们的果实

猴面包树开花后会结出长椭圆形的灰白色果实，像个巨大的葫芦。其果肉多汁，吃起来略带酸味，是猴子、猩猩、狒狒等灵长类动物十分喜爱的美味佳肴，因此这种树被称为"猴面包树"。猴面包树在非洲非常受爱戴，因为在非洲历史上的几次大饥荒时期，这种"天然面包"树拯救了成千上万的饥民。

树干可做树屋

　　猴面包树的木质非常疏松，对着它们开一枪，子弹能完全穿过它们的树干。这种疏松的木质看似没有什么利用价值，但对当地人来说，却有很大的用处。因为其树干粗壮，木质疏松，当地的居民常常把树干掏空，然后搬进去居住，也有的居民将掏空的树干作为畜栏或贮水室、储藏室。神奇的是，在猴面包树树洞里贮存食物，食物可以放置很长时间而不腐烂、不变质。

▲ 猴面包树的果实

▶ 猴面包树的花朵

全身都是宝

　　猴面包树全身都是宝，被称为"世界上最粗的药用树"。它们的果实、叶子和树皮均可入药，可以用来消炎、退热等；树叶和果实的浆液，至今还是当地常用的消炎药物。当地人喜欢将其花、叶捣碎涂抹在身体上，据说具有纤体美肤的奇效。它们的种子含油量高达15%，榨出的油为淡黄色，是上等的食用油。种子也能炒食，还可与杂粮混合食用。树皮里含有丰富的纤维素，可以造纸、织席、制绳以及做乐器的弦等。

▲ 猴面包树

贮水本领最强的树

ZHUSHUI BENLING ZUI QIANG DE SHU

在植物王国中，贮水本领最强的树莫过于纺锤树。这种树生长在南美洲的巴西高原上，远远望去，就像一个个巨大的纺锤，所以得名"纺锤树"。其体内可贮藏大约2吨的水。

▲ 纺锤树的花朵

远看像个大萝卜

纺锤树个子比较高，茎呈圆柱形，十分粗壮，枝叶都长在茎的顶端。人们根据它们古怪的模样和特性，为其起了多个名字：萝卜树、瓶子树、佛肚树……因为其体内所蕴含的水分太多，所以纺锤树脱了水以后特别轻，一个成年人就能轻易举起一棵10米高且脱水的纺锤树。

生存环境决定长相

纺锤树生活的巴西高原，介于热带雨林和稀树草原之间，一年只有两个季节，分别是漫长的旱季和短暂的雨季。为了应对漫长的旱季，纺锤树在雨季来到以后，大量地"喝水"并贮存起来，因而演化成了现在这副模样。

◀ 纺锤树的外观

绿色水塔

纺锤树树干中间膨大，最粗的地方直径可达5米，里面贮水约有2吨，犹如一个个巨大的绿色水塔。当久旱不雨时，大量植物因严重缺水而枯萎，唯独纺锤树因为可以尽享贮存的水，仍然枝繁叶茂。

因为贮存了大量的水分，所以纺锤树被旅行者视为最好的朋友。当饥渴的旅人见到纺锤树时，他们只要在树上钻个小孔，清新解渴的水就会从树干里源源不断地流出来。

不太合群

1886年，一个荒漠里接连发生了纺锤树离奇枯死的现象。有位教授专门赶赴现场寻找原因，但半年过去了，事情没有任何进展。教授很困惑，后又经过一番细致考察，才终于找到了让纺锤树接连暴毙的原因。

原来，和很多树不同，纺锤树比较孤僻，每棵树之间都要存在一定距离，亲密接触是其大忌。为了吸收更多的水分，纺锤树的根系特别发达。如果各树之间距离太近，它们的根系就会纠缠在一起，彼此争夺水源，导致根系被迫拱出地面，再赶上天气大旱，那么每棵树都可能因暴晒和缺水而活不下去。

·千奇百怪·

降落伞花内部的花瓣好像灯丝一样连接着四周，外形酷似一把打开的降落伞。它们是捕虫植物，一旦有昆虫被花朵的气味吸引过来，它们就会用管状的花朵将昆虫捉住然后吃掉。不过，它们从来不吃苍蝇，即便是捕捉到苍蝇，也会将其放开，因为苍蝇会为它们传播花粉。

最高的树

ZUI GAO DE SHU

杏仁桉树是植物王国中的巨人，主要生长在澳大利亚的草原上，树干直插云霄，其中一般的杏仁桉树都要高达100米，最高的甚至能达到156米。

植物王国中的巨人

在人类已测量过的树木中，杏仁桉树是最高的。据说，如果有鸟站在树顶上鸣叫，在树下听起来，就像蚊子的嗡嗡声一样微小。

杏仁桉树的树根非常粗，树干高大笔直，随着高度的增加而逐渐变细，很少生有枝杈，只有树的顶端才长有密集的枝叶。

树中"抽水机"

杏仁桉树的根在植物王国中有"抽水机"的雅号。它的根吸的水多，它蒸发掉的水也多，据说它的根每年可以蒸发掉175吨的水。根据这个特性，人们往往把杏仁桉树种在沼泽地区，利用其"抽水"的特性吸干沼泽，开垦出新的土地。

杏仁桉树的木材是制造舟、车的好材料。树木中能提炼出有价值的树胶等。其叶子有一种特殊的香味，可用来炼制桉叶油。

最大的种子

ZUI DA DE ZHONGZI

世界上最大的种子是复椰子的种子。复椰子的种子体形硕大，最普通的也有十几千克重。

▲ 复椰子的种子

种子之王

复椰子也叫海椰子、大实椰子，它们生长在非洲的塞舌尔群岛上。复椰子树高20～30米，树叶呈扇形，叶子面积也很大。它们的果实硕大，最大的体积赛过普通洗衣盆。果实的外果皮是由海绵状纤维组成的。扒去这层纤维，里面有硬壳的内核，这就是复椰子的种子。种子的形状酷似动物的心脏，也像合生在一起的两个椰子，所以人们又称其为"双椰子"。

生长缓慢

能长出这么大的种子，复椰子树非常不容易。复椰子树生长缓慢，从幼株开始要生长几十年才能开花、结果。果实要历经好几年才能成熟。不过复椰子树寿命很长，一旦植株成熟，便可连续结果好几百年。

复椰子树十分珍稀，世界上全年收获的成熟种子也没多少。以前，只有王公贵族才可以收藏复椰子的种子，平民如果私藏会被严厉惩罚甚至处死。现在复椰子树依旧被当地人百般呵护，当地政府严禁人们砍伐此树或随意采摘其果实。

最亮的树

ZUI LIANG DE SHU

大千世界无奇不有，有吃虫子的草，有怕痒痒的树，还有一种会发光的树。魔树就是这种树，不但会发光，还是世界上最亮的树，简直太神奇了。

晚上发光

在非洲的原始森林中，有一种会发光的树，当地居民给它起了一个很有魅力，而且和它很般配的名字，叫"魔树"。其实这种树在白天非常普通，和平常的树木没有什么区别，但是一到晚上，就像人能感知黑暗，明白天黑了需要点灯一样，它的树干和树枝就会发出亮晶晶的荧光，把四周照得雪亮。因为魔树的这种特性，当地的孩子们非常喜欢晚上到树下玩耍。

发光原因

魔树到底是怎么发光的呢？科学家经过反复研究，终于知道了其中的奥秘。原来，这种树本身是不会发光的，让树发光的是长在树上的一种特殊的真菌——假蜜环菌。假蜜环菌内部含有荧光素和荧光酶，当荧光素在酶的作用下氧化时会放出能量，这种能量以光的形式表现出来，因此人们又叫它"亮菌"。假蜜环菌寄生在"魔树"上，主要依靠吸收和分解树干的纤维素和木质素来进行生长和繁殖。它们都是一些细小的菌丝，如果不仔细看，根本不会被发现。到了晚上，这种菌丝就会发出淡蓝色的光，看起来就像是树在发光一样。

▲ 假蜜环菌

最耐旱的树

ZUI NAI HAN DE SHU

▲ 胡杨

水 是生命的起源，世界上所有生物生存的最基本条件就是水。虽然生命的存在都需要水，却有一种树木不像其他生物对水的需求那样急切。这种树就是胡杨。它被称作世界上最耐旱的树。

"沙漠英雄"

胡杨是一种生长在沙漠地区的落叶乔木，在我国主要分布在新疆、甘肃、青海、内蒙古等地。胡杨的生命力非常强大，它能够在高温45℃和低温-40℃的极端天气里生存。在干旱的沙漠地区，它的根可以深深地扎入地底下去吸取水分，由于其细胞有不受碱水伤害的特殊功能，它被誉为"沙漠中的英雄"。胡杨的生长可以随雨水的多少而自动调节，天气干旱时，它就脱掉叶子，停止生长；一旦下雨，它又会拼命储水，以备不时之需。当树木开始老化时，它会逐渐自行断脱树顶的枝杈和树干，降到只有三四米高，但依然枝繁叶茂，直到干枯老死，仍旧站立不倒。它被人们赞誉是"长着千年不死，死后千年不倒，倒后千年不朽"的英雄树。

珍贵资源

胡杨由于非常耐旱，成为荒漠地区一种非常珍贵的森林资源。它的首要作用在于防风固沙，改善沙漠环境，创造适宜的绿洲气候，制造肥沃的土壤。在胡杨树树干处切一个口，口中能流出一种汁液，这种汁液是制作食用碱和肥皂的原料，也才可入药，当地居民称之为"胡杨泪"。除此之外，胡杨的叶和花均可入药，因此胡杨是沙漠中的宝树。

▲ 胡杨是沙漠守护神

感觉最灵敏的植物

GANJUE ZUI LINGMIN DE ZHIWU

你知道吗，植物也和人类一样，是有感觉的。实际上，植物不但有感觉，有些植物的感觉还相当灵敏呢！比如我们非常熟悉的含羞草、向日葵等。可是世界上感觉最灵敏的植物却是一种叫作毛毡苔的草。

 超级敏感

植物的感觉通常表现在对光、温度、湿度等外界的刺激上。比如向日葵的花盘会随着太阳光转动，含羞草的叶子则在被触碰之后会合起来，而毛毡苔则表现得更加敏感，如果把一根长发轻轻放在它的叶子上，毛毡苔能清晰地感觉到，然后它的叶子就会马上卷曲起来。还有人做了这样一个实验，把0.000003毫克的碳酸铵滴在毛毡苔的叶片绒毛上，它也立马感知到并做出反应。

 食虫植物

毛毡苔还有另外一个名字——日露草。因为它的叶子扁平，像一个个小圆盘一样铺展在地面上，叶片表面分布着细密的紫红色纤毛，还能分泌出味道香甜的黏液，会吸引来许多贪嘴的小昆虫。小昆虫一旦触碰到黏液就会被牢牢黏住，这样毛毡苔就能美美地大餐一顿了。由此可知，灵敏的毛毡苔是一种食虫植物。

◀ 毛毡苔

最早出现的藻类

ZUI ZAO CHUXIAN DE ZAOLEI

地球上的藻类数不胜数，它们很早就出现在地球上。其中，蓝藻的出现时间最为久远。目前已知最早的蓝藻类化石被发现在南非的古沉积岩中，这是34亿年前在地球上已有生命的证据。

▲ 实验室里的蓝藻

貌不惊人

藻类是比较怪异的一个家族，它们没有真正的根、茎、叶，也没有维管束。在一些科学家的眼中，它们甚至不具备被称为植物的条件。而

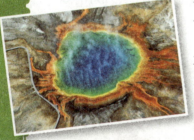

在所有藻类生物中，蓝藻是最简单、最原始的一种。

蓝藻又叫蓝绿藻，因为大多数蓝藻的颜色不是纯蓝的，而是呈蓝绿色。由于所含色素的不同，蓝藻的颜色也有区别，除了蓝绿色，还有黄色、红色等。古代蓝藻的样子和现代蓝藻有些相似。

多亏有蓝藻

蓝藻的出现是生物进化史上一个巨大的飞跃。蓝藻中含有叶绿素，能制造养分和独立进行繁殖。蓝藻是最早的光合放氧生物，对地球表面从无氧的大气环境变为有氧环境起了巨大的作用。当今地球上高大挺拔的树木、五彩缤纷的花卉、甜美多汁的瓜果等所有植物，都是由低等的藻类经过漫长的进化、发展而来的。而植物又是动物赖以生存的基础。可想而知，如果没有蓝藻，如今的地球会是怎样一番模样。

▲池塘中的蓝藻

最像石头的花

ZUI XIANG SHITOU DE HUA

动物王国中有很多技艺高超的伪装大师，但你知道吗？植物世界中具备这种奇特本领的也不少呢！比如，有的花长得跟石头特别像。

▲ 生石花

"有生命的石头"

生石花又叫石头花，形如彩石，色彩丰富，娇小玲珑。其原产于非洲南部地区，是一种多年生小型多肉植物。生石花的茎呈球状；叶子肉质肥厚，两片相对连接而生，形状呈倒圆锥体状；颜色多样，有淡灰色、蓝灰色、灰绿色等。

不开花的时候，生石花就像一块块普通至极的卵石，加上生长在乱石之中，很难被发现。这是它们为了防止被小动们物掠食而形成的自我保护天性。

生石花一般要生长几年才开花，花期通常在秋季，花朵呈黄、白、粉等颜色。开花时花朵非常娇美，几乎将整个植株盖住。花谢后结出果实，可收获非常细小的种子。

生石花▶

你知道吗

多肉植物又叫多浆植物、肉质植物。这类植物营养器官的某一部分，如茎或叶或根（也有的种类兼有两部分），具有发达的薄壁组织用以贮藏水分，所以在外形上显得肥厚多汁。它们大部分生长在干旱或一年中有一段时间干旱的地区。

最耐寒的花

ZUI NAIHAN DE HUA

有诗说，秋菊"本性能耐寒，风霜其奈何？"秋菊、冬梅、寒松都是抗寒的卫士。可事实上，它们这一本事在雪莲面前，真是小巫见大巫。

 寂寞的雪莲

雪莲是非常独特的植物，它们不屑与百花争艳，高傲地生活在人迹罕至、气候严寒的地带。它们不仅是绝佳的观赏花卉，还是名贵的中药材。

雪莲是多年生草本植物，高一般为15～35厘米；叶片绿色，呈椭圆形或卵状椭圆形；花苞呈淡黄色，花蕊呈紫色，淡雅美丽。

雪莲通常生长在高山雪线以下、海拔4800～5800米的地区。那里气候多变，雨雪交替，由于环境恶劣，雪莲没有什么邻居和朋友，略显寂寞。

▲ 雪莲

坚强的幼苗

雪莲从发芽到开花要历经数年，但实际每年的生长期不到2个月。在这短短的生长期里，幼苗凭借着旺盛的生命力，顶风冒雪地努力生长。雪莲种子在0℃时发芽，3～5℃时生长，幼苗能抵御-21℃的低温。

最大的花
ZUI DA DE HUA

大王花是一种非常奇特的植物，没有叶也没有茎，只有一朵直径可达1.4米的花，堪称世界最大的花。它们生活在印度尼西亚苏门答腊等地的热带雨林中。

▲ 大王花

当之无愧的"花王"

大王花一生中只开一朵花，花朵特别大，直径可达到1.4米，是植物王国中当之无愧的"花王"。大多数雄性大王花有5片又大又厚的花瓣，雌花有8片、6片或4片花瓣，整个花冠呈鲜红色，上面有点点白斑，每片长约30厘米，整个花有6～7千克重，看上去绚丽而壮观。大王花的花心像个面盆，如果向里面灌水的话，可以装5～7千克的水。

"寄生虫"

大王花不是生长在泥土中的，而是寄生在一种藤本植物的身上，专靠吸取所寄生的植物身上的营养来生存。它们的花刚开的时候还有点儿香气，但随后就臭得让人难以忍受了。它们的种子很小，用肉眼几乎难以看清。种子传播的方式也有点儿懒：小种子带黏性，当被大象或其他动物踩上时，它们就会被带到别的地方去生根、发芽，进行繁殖。

◀ 大王花是一种寄生植物

Part 5
第五章
文化大观园

最早的文字

ZUI ZAO DE WENZI

　　一般认为，文字是文明社会产生的标志。我们现在使用的汉字也是文字的一种。你们知道世界上最早的文字是什么吗？答案是楔形文字。楔形文字比我国的甲骨文还要古老。现在，让我们一起来认识一下这种被誉为地球上最早的文字的真实面貌吧！

▲ 甲骨文

历史悠久

　　早在约公元前4000年的时候，两河流域就有了最早的居民。这些人被称为"苏美尔人"，就是他们创造了楔形文字，同样也是他们创造了灿烂的苏美尔文明。最初，这些文字只是一些简单的图画，随着时间的推移，大约在公元前3000年，这些图画文字逐渐发展成了苏美尔语的表意文字，并被当时的阿卡得人、巴比伦人、亚述人、赫梯人、波斯人等广泛使用。

▲ 苏美尔石刻

字形像钉子，写在泥版上

▲ 中国的竹简

　　苏美尔人用削成三角形尖头的芦苇秆或骨棒、木棒当笔，在潮湿的黏土制作的泥版上写字，所以这些字几乎都有呈三角形的尖头，外形很像钉子，也像打尖用的木楔，有的横卧着，有的则尖头朝上或者朝下，还有的斜放着，看上去像是用尖尖的指甲刻上去的。

　　为了长久地保存泥版，需要把它晾干后再进行烧制。这种烧制的泥版文书不怕被虫蛀，也不会腐烂。但美中不足的是，泥版很笨重，每块重约1千克，每看一块都要费力地搬来搬去。到现在为止，发掘出来的泥版，共有近100万块，最大的有2.7米长、1.95米宽，真可谓巨书！

▲ 两河流域古画

1472年才被发现

楔形文字虽然产生的时间较早，却很晚才被发现。1472年，一个名叫巴布洛的意大利人去古波斯（今天的伊朗）地区游历，在设拉子（伊朗南部最大的城市）附近的一些古老寺庙残破不堪的墙壁上，看到了一种奇怪的、从未见过的字体。但是，当时没有人对他的这个发现感兴趣，人们很快淡忘了这件事。

当时的欧洲人并不知道，这就是楔形文字。许多年后，聪明勤奋的意大利人瓦莱把这些废墟上的文字抄写下来，并同在伊拉克的古代遗址上发现的字体相互对照之后，断定这是古代西亚人的文字。

后来科学家们持续不断地对这些文字进行研究，通过对美索不达米亚近200年的考古发掘，以及语言学家对大量泥版文献的成功译读，人们终于知道楔形文字是已知的世界上最古老的文字。

▼ 楔形文字

▲ 楔形文字

最早的盲文
ZUI ZAO DE MANGWEN

文字在传播知识、承载文化等方面对人们的学习和生活起着至关重要的作用。人们每天都离不开文字，文字也遍布大街小巷，随处可见。但是对于眼睛失明的人来说，他们怎么从书籍上获取信息呢？这就催生了一种专供盲人使用的文字——盲文。

盲文特点

盲文，也叫点字或者凸字，这是专门为盲人设计的一种文字。从"凸字"这个名字我们可以了解到它的特点，它是由点字板、点字机、电子打印机等在纸张上制作出不同组合的凸点而成的，一般每个方块的点字由六点组成。盲人就依靠触觉来感知这些文字的内容。

布莱叶

盲文是由法国盲人路易斯·布莱叶在1824年创造的，因此，国际上也把盲文通称为"布莱叶"。布莱叶3岁时因一次事故导致双眼失明，在盲童学校上学时使用的书本文字都是由厚纸或者布条排列成的，使用起来极其费力。小小的布莱叶就暗下决心，一定要发明一种使用比较方便的盲人文字。经过他的精心研究和反复试验，终于发明了点字，即在纸张上扎出许多小点点，然后盲人用手触摸这些凸起的点，以此来判断这些小点所表述的内容。布莱叶的这一发明为盲人学习带来了意想不到的便利。

▲ 路易斯·布莱叶

▲ 盲文门牌号

最高的建筑

ZUI GAO DE JIANZHU

随着科技的进步，城市中的建筑变得越来越高，越来越多的摩天大楼直插云霄。要说其中最高的建筑，就目前来看，非哈利法塔莫属。

▲ 迪拜帆船酒店

城市哈利法塔

哈利法塔坐落在阿拉伯联合酋长国人口最多的城市迪拜，高达828米，是目前世界上最高的人造建筑。

哈利法塔项目的总投资约70亿美元，2004年9月21日开始动工，2010年1月4日竣工。哈利法塔采用了一种具有挑战性的单式结构，由连为一体的管状多塔组成，具有太空时代风格的外形。

▼ 哈利法塔内部

各项纪录

哈利法塔身上保持着很多项世界纪录，例如最多的楼层数、最高的混凝土结构建筑等。另外，其在建造过程中产生的很多数据都令人惊叹不已，例如，建筑总共使用33万立方米混凝土、3.9万吨钢材及14.2万平方米玻璃。建筑内设有56部升降机，速度最高达17.4米/秒，另外还有双层的观光升降机，每次最多可载42人。

◀ 哈利法塔

你知道吗

迪拜还有一个堪称全世界最豪华的酒店——伯瓷酒店，又叫帆船酒店。此酒店是世界上唯一的七星级酒店。它个子其实也很高，但在哈利法塔面前，就变成矮子了。

最早的报纸
ZUI ZAO DE BAOZHI

作为最重要的平面媒体之一，报纸为人们所熟知。但你知道最早的报纸是什么时候出现的吗？

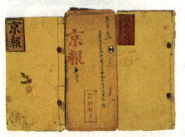

▲《京报》是《邸报》发展过程中的一个别称

出现最早

早在2000多年前的西汉初期，中国就出现了报纸——《邸报》。《邸报》是专门用于朝廷传知朝政的文书和政治通报的新闻文抄。当时，统治者为了加强皇权和对地方的控制，在全国范围内实行郡县制，各郡在京城都设有驻京办事处，这些办事处所在地叫"邸"。"邸报"作为报纸的名称即由此而来。西方有不少人认为最早的报纸是罗马帝国恺撒大帝创建的《每日纪闻》，相比之下，我国的《邸报》要比罗马帝国的《每日纪闻》早了大约1个世纪。

存在时间最久

虽然封建王朝不断更迭，但《邸报》却一直没有中断发行，其性质和内容也没有多大变动。唐朝时，《邸报》采用雕版印刷，成为全国性新闻刊物；到了宋朝，《邸报》的发行时间趋向固定；到了明末，《邸报》从手抄或木刻印刷改为活字印刷，发行规模变得更大；清朝时，《邸报》已经成为广大官吏、学者，甚至平民都能阅读的报纸。一直到1912年清朝皇帝退位，《邸报》才停刊。

◀报童雕塑

最早的科幻小说

ZUI ZAO DE KEHUAN XIAOSHUO

世界上最早的科幻小说是英国女作家玛丽·雪莱创作的《弗兰肯斯坦》，这部小说发表于1818年。这部科幻小说一面世就以它独特、怪异的故事情节吸引了成千上万的读者，并很快受到了世界文坛的密切关注。

故事内容

《弗兰肯斯坦》讲述的是一个非常恐怖的故事。弗兰肯斯坦是小说的主人公，是一个心理有点儿变态的学生。他喜欢从死人堆里收集人的各种器官，再把这些死人器官重新组合，组成一个新的人——一个怪物。虽然是用死人的器官组合的，但是这个组合起来的怪物却拥有比任何正常人都要强壮的身体，以至于连他的创造者弗兰肯斯坦都无法制伏他，最后弗兰肯斯坦为他的不符合自然规律的创造付出了惨重的代价，失去了所拥有的一切。小说的构思非常奇特，情节怪异、曲折，气氛被渲染得十分恐怖，深深地吸引了一大批读者。

▲《弗兰肯斯坦》封面

影响深远

▲ 玛丽·雪莱的肖像

《弗兰肯斯坦》的作者玛丽·雪莱出生于伦敦，是英国著名诗人雪莱的妻子。《弗兰肯斯坦》是她的第一部作品，也是她的代表作。正是这部作品让玛丽·雪莱在世界文学史上占有重要的地位。因为《弗兰肯斯坦》备受读者欢迎，从这部书第一次出版那天起，它就被多次改编成电影或者戏剧，并且好评如潮。

最贵的连环画

ZUI GUI DE LIANHUANHUA

25 **00000** 欧元

连环画又称连环图画、连环图、小人书、小书、公仔书等。连环画用连续的图画叙述故事、刻画人物，这一艺术形式题材广泛，内容多样，是老少皆宜的一种通俗读物，人人都喜欢。

永远摆在书店最显眼的位置

比利时漫画家埃尔热的作品《丁丁历险记》主要讲述了一名叫丁丁的记者在漫长而艰辛的旅行采访中发生的种种奇怪的事情。这部漫画风趣幽默，情节充满吸引力，不仅儿童对它爱不释手，就连成年人也对它表现出了前所未有的热情。在法国和比利时，不论你走到哪家书店，你都能看见这本书，因为它永远都被店主摆放在最显眼的位置上。

▲ 埃尔热

用毕生精力创作

1929年，埃尔热开始构思和创作《丁丁历险记》，一直到1983年他去世之前才停止。这部耗费埃尔热50多年的心血创作完成的书，由25集连环画册组成，它已经被翻译成了50多种语言文字，年销量达到400万册。2014年，有一位收藏家，他为了购买包含这套连环画所有单本的封面的原版版画花费了约250万欧元，因此，这部连环画成了世界上最贵的连环画。

最早的电影

ZUI ZAO DE DIANYING

当你被电影中那些神秘而玄奇的画面所吸引时，是否曾想过电影是什么时候产生的呢？

摄影机的发明

我们先来了解一下摄影机的发明，因为只有发明出了摄

▲《火车进站》剧照

影机，才能拍出电影。

1872年的一天，两个美国人因为"马奔跑时蹄子是否都着地"而发生争执，因为单凭人的眼睛很难看清马快速奔跑时蹄子是如何运动的。后来，一名英国摄影师在跑道的一边置了24架照相机，在马跑过时连续拍摄了24张照片后得以确认：当马在奔跑时始终有一只蹄子着地。后来，该摄影师在向人们展示这一系列照片时，无意识地将它们叠在一起快速翻动，结果眼前出现了一幕奇异的景象：每张照片中那些静止的马叠成了一匹运动的马，它竟然"活"起来了！根据视象暂留现象，摄影机被研制出来。

放映时曾吓跑观众

摄影机被制造出来7年后，真正意义上的第一部影片才出现。那是1895年的秋冬之交，法国卢米埃尔兄弟在巴黎萧达车站的月台上拍摄了一部短片，名字叫《火车进站》，并在巴黎的一家剧院中放映。当画面中火车头从远处驶入，直接冲向观众时，坐在荧幕前面的观众顿时吓得惊惶四散。这部短片的放映，标志着电影的正式诞生，它被誉为世界上第一部电影。

▶《火车进站》剧照

最早的电影节

ZUI ZAO DE DIANYING JIE

看 电影已经成为我们生活中很好的一项娱乐活动。与此同时，致力于推动电影艺术的各大电影节也成了广受关注的一项盛典。那么，世界上第一个电影节是什么时候产生的呢？

▲ 威尼斯电影节的标志

国际电影节之父

世界上第一个国际电影节是1932年8月6日在意大利名城威尼斯创办的威尼斯国际电影节，它有着"国际电影节之父"的称号。威尼斯国际电影节在全世界都有着巨大的影响力，其宗旨是"电影为严肃的艺术服务"，鼓励电影工作者拍摄形式新颖、手法独特的影片，哪怕有一些缺陷，只要敢于创新，就能够被电影节所接纳。

金狮奖和银狮奖

金狮奖是威尼斯电影节的最高奖项，颁发给最佳电影长片。银狮奖是威尼斯电影节仅次于金狮奖的奖项，并非每年都有，有时颁发给角逐金狮奖的影片，有时颁发给最佳处女作电影、最佳短片或最佳导演。

Part 6
第六章
体育大看台

最早的奥林匹克运动会

ZUI ZAO DE AOLINPIKE YUNDONGHUI

若论世界上规模最为宏大的体育盛会，肯定是奥运会。你知道这个全称为"奥林匹克运动会"的国际性运动会是怎么来的吗？来，我们看看第一届奥林匹克运动会的风采吧！

起源

很久以前，古希腊地区步入成熟的奴隶社会，逐步演化为大大小小的城邦，各城邦之间的争夺和战争不断，从而形成了希腊的尚武之风，体育训练也在希腊流行起来，城邦内以及城邦之间的体育竞技开始逐渐流行。后来，伯罗奔尼撒的统治者伊菲图斯为

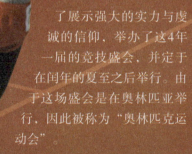

了展示强大的实力与虔诚的信仰，举办了这4年一届的竞技盛会，并定于在闰年的夏至之后举行。由于这场盛会是在奥林匹亚举行，因此被称为"奥林匹克运动会"。

第一届现代奥运会

在古希腊举行的那些运动会只能算得上古代的奥运会，第一届真正意义上的奥林匹克运动会，也就是现代奥运会，是1896年在雅典举办的雅典奥运会。

1896年4月6日，希腊国王乔治一世宣布了大会开幕，赛程10天，4月15日闭幕。应邀参赛的一共有13个国家的311名运动员。

本届比赛项目有田径、游泳、举重、射击、自行车、古典式摔跤、体操、击剑和网球9个大项。原计划中有赛艇项目，后未举行。取消的原因有两种不同的说法：一说是气候不佳，海面风大，无法进行；另一说法是无人报名，不得不改变计划。

大会趣闻

一、只允许业余选手参加。1894年在巴黎会议上制定的奥林匹克宪章明确规定，各项比赛只许业余运动员参赛，当时意大利曾有一名来自米兰的运动员去参赛，被大会组委会禁赛。

二、出现了0.5枚奖牌。男子网球双打金牌是德国网球选手弗里茨与英国的博兰德合作获得的。博兰德不是英国代表团正式选手，而是碰巧在这里观光的牛津大学的学生，临时参加了比赛，所以同德国选手共享了一枚奖牌。

三、没有金牌。据说，东道主希腊认为黄金俗气，奖牌只有银牌、铜牌两种。冠军获得的是银牌和橄榄环。但是，为了统计上的方便，在计算这届奥运会奖牌时，仍按金、银、铜3类计算。

最早的奥运比赛项目

ZUI ZAO DE AOYUN BISAI XIANGMU

奥运会发展到现在，其比赛项目已经非常丰富，比如田径、赛艇、羽毛球、垒球、篮球、足球、拳击、皮划艇、自行车、击剑、体操等。那么最早的奥运比赛项目是什么呢？

▲ 第一届现代奥运会田径男子100米决赛起跑，场地简陋，规则不全

跑步起源

有一句格言是这样说的，"如果你想聪明，跑步吧！如果你想强壮，跑步吧！如果你想健康，跑步吧！"这句格言被刻在奥林匹亚阿尔菲斯河岸的岩壁上，可见古人早已认识到跑步的重要性。在古代，跑步是人们为了生存而锻炼出来的一种基本技能。古希腊时期，跑步的速度甚至是衡量一个人是否强悍的重要标准之一。

最初的跑步比赛

公元前776年，在第一届古代奥运会上就只有场地跑这一个项目。由于当时跑步比赛在各方面都还很不成熟，场地没有明确的线路划分，跑道只是以场地外周为准，距离是192.27米。起跑线更是简陋，是以石头堆砌而成的一条直线。比赛的时候采用抽签分组淘汰的方式进行，并不比选手们之间跑完全程所用的时间，只是看谁先到达终点谁就获得胜利。在以后的十几届奥运会中，跑步一直都是唯一的一个比赛项目。到了第14届奥运会的时候，比赛项目才逐渐增多了，其他的比赛项目也逐渐正式被列为奥运会比赛项目。

最早的世界铁人三项锦标赛

ZUI ZAO DE SHIJIE TIEREN SAN XIANG JINBIAOSAI

▲ 运动员正过渡到游泳比赛

铁人三项是一种新兴的综合性运动项目，它包括天然水域游泳、公路自行车、公路长跑三个项目按顺序组成，运动员需要一鼓作气赛完全程。这一综合比赛项目是由美国海军准将约翰·科林斯提出的。2000年，铁人三项正式成为奥运会比赛项目。

谁也不服谁的争论

1974年2月17日，在夏威夷岛上的一间酒吧内，一群体育官员在讨论世界上究竟哪一种体育项目最具有刺激性和挑战性，最能考验人的意志和体能。当时大家议论纷纷，各执一词，有的人认为橄榄球运动最能体现人的体质，因为它的对抗性非常强；有的人则认为登山和马拉松最能考验人的耐力，而且对人的其他方面的身体素质要求都很高，是一项挑战性很强的运动。大家争论得非常激烈，谁也不服谁，最终也没能确定哪一项体育运动是大家都认可的。美国海军

▲ 公路自行车比赛

▲ 公路长跑比赛

准将约翰·科林斯综合了大家的观点提出：如果一个人能在一天之内连续完成3.8千米的游泳，180千米的环岛自行车和42.195千米的全程马拉松，那么这项综合运动就最能体现出刺激性和挑战性。

科林斯的想法得到了所有官员的认可，于是第二天他们就举行了这样一个比赛，叫铁人三项。这场比赛之后，人们把这次赛事称作"首届世界铁人三项锦标赛"。

最早的铅球比赛

ZUI ZAO DE QIANQIU BISAI

很多运动都起源于人类的生产劳动，铅球运动也不例外，它起源于古代人类用石块猎取禽兽或防御攻击。现在，铅球已是世界田径赛场上的传统项目。

铅球运动前身

在远古时期，面对严酷的自然环境和原始低下的生产力，人类要在地球上生存下去，不仅要跑得快，要能迅速跳越障碍去追捕各种动物，而且还要学会如何把石头、梭镖、鱼叉等投得又远又准，以便击中猎物而获得食物。古希腊时期，曾一度流传着投掷石块的比赛，并将此作为选拔大力士的重要标准。相传，在公元1150年左右，希腊雅典举行过一场声势浩大的掷重圆石比赛。根据规则，大力士们把圆石高高举起投向远方，以投掷距离的远近来决定优劣胜负。这可说是铅球运动的前身。

铅球运动的直接起源

公元1340年，希腊出现了火炮，火炮的炮弹是用圆形铅制成的，为了提高战斗力，让炮手作战时装填炮弹熟练、迅速，希腊人就在日常训练中让士兵用重量和大小同炮弹相当的石头练习，并进行比赛。后来又用废弃的铅制炮弹代替石头进行模拟训练，这才是现代铅球运动的直接起源。

从铅球诞生之日起，它就一直备受大力士的喜爱，因为它能让各国大力士一展自己的雄风。直到1896年，铅球才成为第一届现代奥运会上投掷比赛的正式项目。

最早的排球运动

ZUI ZAO DE PAIQIU YUNDONG

排球是一项非常常见的体育运动，尤其在学校的体育课上，更是能经常见到它的身影。但你知道世界上最早的排球运动是从什么时候开始的吗？

 来源于网球，使用篮球

▲ 排球运动创始人
威廉·G.摩根

排球是在1895年由一位叫廉姆·G.摩根的美国青年体育工作者发明的，这是一种由网球运动改变而来的室内游戏项目。这种游戏就是把篮球充气后作为娱乐的道具，然后在场地中间拉起一道一人多高的网，参加活动的人分别站在网的两边，成为两组，他们用手击打球，让球飞过网，传到对面的区域，传球的时候看球是否出界或者落地，以此来作为评判输赢的标准。这种游戏就是最早的排球运动。这项室内运动在1896年的时候再次由摩根制定出了比较完善的比赛规则。

 最初叫"空中飞球"

在创立之初，人们把这种运动叫作"空中飞球"，广受欢迎，因此迅速地传到了加拿大、印度和欧洲等地，成为当时非常流行的一种娱乐活动。1896年，美国普林菲尔德市立学校的艾·特·哈尔斯戴特博士把这种由摩根创立的"空中飞球"正式改名为"volley ball"，就这样，"排球"的名称一直沿用到现在。

▼ 排球比赛

第一个能扣篮的女子篮球运动员

DI-YI GE NENG KOULAN DE NUZI LANQIU YUNDONGYUAN

篮球运动在早期也是只有男子才能参加的运动项目，后来慢慢发展出了女子篮球队。相对于男子的身高和力量，女子如果要完成扣篮动作，是很不容易的，是谁成为第一个挑战这项技能的女运动员呢？

良好的身体素质

谢里尔·米勒是世界上第一个能扣篮的女子篮球队员。她出生于一个黑人家庭，作为体育世家的一员，她遗传了家族中良好的运动基因，1.92米的身高也为她日后成为优秀的篮球运动员提供了良好条件。在父亲的影响下，米勒在很小的时候就非常喜爱篮球运动，她的父亲也对她进行了精心指导，这样一来，她的球技更是得到了突飞猛进的提高。16岁那年，她被选入了美国国家队，成为当时世界上第一名中学生国家队队员。

▲ 米勒和弟弟

上演扣篮绝技

1981年2月，她参加了一场比赛，在这场32分钟的激烈比赛中，米勒一人就获得了105分，她的这一成绩成为全美女篮选手单场比赛个人得分的最高纪录。在激烈的比赛过程中，米勒运用了一个高超的单手扣篮动作，一下子震惊全场，她也因此成为了篮球史上第一个能扣篮的女子篮球运动员。1983年，米勒登上全美大学生女篮赛冠军的宝座。次年，全美大学生女篮"最佳运动员"的称号降临在她的头上。1986年，在女篮世锦赛上，米勒再次利用绝招，当她抢到篮板时又上演了扣篮绝技，再次震惊了全场的观众。

▲ 米勒在比赛中

投篮球最准的运动员

TOU LANQIU ZUI ZHUN DE YUNDONGYUAN

篮球界可谓名将众多，他们也都各有各的特点和绝技，如形如鬼魅的帕克、擅长后仰跳投的科比，喜欢暴扣的韦德等，当然我们更忘不了拥有"世界运动员"之称的迈克·乔丹。而在所有篮球明星中，美国的马丁才是世界上投篮最准的运动员。

连续投球1740个

在20世纪70年代，马丁曾是红极一时的篮球运动员。当时的马丁是美国佛罗里达州"杰克森维尔"职业男子篮球队的运动员。马丁被全世界记住，源于他的一次投篮表演。那是1975年2月28日，马丁站在罚球线进行投球，结果他一出手就很难停下来，连续投进了1740个球，这一成绩让在场所有人都震惊无比，简直不敢相信自己的眼睛。马丁就那么静静地站在那里连续不断地投球，居然没有一个球掉出来，每一个球都像长了眼睛似的，全部准确无误地进入了篮筐，直到第1741个球跳出了篮筐。人们一下子就记住了这个投篮神手，认为他是世界上当之无愧的投篮最准的篮球运动员。

再创辉煌

虽然取得了这样骄人的成绩，但马丁并没有满足。在这之后的第二年，也就是1976年6月25日，他打破了自己保持的纪录，这一次他连续投进了2036个球，再一次让世人吃惊不小！

最大的足球场

ZUI DA DE ZUQIU CHANG

1950年第四届世界杯足球赛在巴西举行，当时为了迎接这场足球盛事，巴西政府耗费巨资建造了一座足球场，它被认为是世界上最大的足球场。

面积之大令人咋舌

这个足球场的名字叫马拉卡纳，正式名称为马里奥·费劳运动场，位于巴西里约热内卢市，占地面积11.85万平方米，足球草坪的面积则为8250平方米。它拥有15.5万个座位，可以同时容纳20.5万人现场观看，这么大的足球场堪称世界之最。在这一届世界杯赛上，巴西队与乌拉圭队的冠军争夺赛就在这里展开，当时吸引了全球近20万名球迷到现场观看，马拉卡纳足球场也一下子闻名全球。

改造后面积缩水

马拉卡纳足球场在巴西人心目中是一个无可替代的骄傲，它更是巴西足球的历史见证，因为这里记录了巴西足球一次次辉煌的战绩。但现今马拉卡纳足球场世界第一的位置将被其他体育场所代替。因为为了保护这座巴西标志性的建筑，里约热内卢政府在2000年的时候对这座球场进行了大规

▲ 马拉卡纳球场人山人海

模的改造和维修。现在的马拉卡纳体育场已经是一座集旅游、文化、体育于一体的著名旅游中心。为了安全起见，这座体育场经过修缮之后只能容纳约8万名观众。

最早的造纸术

ZUI ZAO DE ZAOZHISHU

在没有发明纸之前，古人利用自己的聪明才智找到了各种记录信息的方法，比如用石头、树叶、树皮、兽皮等。我国古代人民在没有纸之前则在龟甲、竹片上记录信息。造纸术的发明，大大便利了人类的书写记事。

蔡 伦

▲ 生麻纸手卷

丝绵纸和麻纸

早在我国的西汉时期，人们就已经发明了制造丝绵纸的方法。人们把蚕茧经过高温烧煮，然后再把煮过的蚕茧浸泡在水里漂洗捣烂，最后制成了丝绵，这就是最早的丝绵纸。由于丝绵纸的原料是蚕茧，而蚕茧是有有限性的，这就让这种丝绵纸不能大规模生产。因此，人们继续改进造纸技术，利用麻类纤维做原料，也利用漂洗捣烂的方法制成了麻纸。可是，麻纸太过粗糙，书写效果太不理想。

蔡侯纸

到了东汉时期，蔡伦在前人制造麻纸的基础上改进技术，利用树皮、麻片、破布、废渔网等这些常见的东西为原料，发明了一种既轻便又非常便宜的纸张，并且总结出了一套较为完善的造纸方法，让造纸术有了大大的进步。这种纸被叫作"蔡侯纸"。随着经济的快速发展，人们对纸张的需求越来越多，造纸业得到了蓬勃发展，纸张的品种也越来越丰富。到了隋、唐、宋三个朝代时，造纸业进入了兴盛时期。

最早的地动仪

ZUI ZAO DE DIDONGYI

东汉时期，有个男孩儿酷爱天文和地理，一有时间就细心地观察大自然，他甚至想把星星数清。后来，男孩儿长大了，成了优秀的科学家，他就是张衡，他发明了世界上最早的地动仪。

候风地动仪

东汉时期，地震较为频繁，可恶的地震给人们带来了巨大灾难。张衡在进行了一番艰苦的考察和研究后，终于在阳嘉元年（公元132年）发明了候风地动仪，即世界上第一架地动仪。在科技不发达的年代，这架仪器可帮了大忙。人们可以较为及时地知道什么时候发生了地震及地震发生的大致方向，以便及时组织救灾。这架仪器就曾成功地测报了我国西部地区发生的一次地震，这可比西方国家用仪器记录地震的历史早了1000多年。

长得什么样

候风地动仪上有隆起的圆盖，内部中央有一根铜柱子，柱旁有8个通道及巧妙的机关。樽体周围有8个龙头，按8个方向布列。每条龙嘴里都衔有一个铜球。龙嘴下对应8只昂头张嘴蹲在地上的铜蟾蜍。当某个地方发生地震时，机关就会运作起来，使发生地震方向的龙张开嘴，吐出铜球，落到铜蟾蜍的嘴里，发出很大的声响，人们便由此知道地震发生的大致方向了。

▲候风地动仪模型

最早的电子计算机

ZUI ZAO DE DIANZI JISUANJI

当今，电子计算机已经成为我们生活中不可或缺的工具。现在就让我们来看看世界上第一台电子计算机是什么样子的吧！

名字叫"埃尼亚克"

世界上第一台电子计算机于1946年诞生在美国宾夕法尼亚大学，被命名为"埃尼亚克"。为什么要研制电子计算机呢？事情还要从第二次世界大战说起。在战争中，敌对双方都使用了飞机和炮弹来轰炸对方的军事目标。但是要想炮弹打得准，必须精确计算并绘制出"射击图表"。经查表确定炮口的角度，才能使射出去的炮弹正中飞行目标。但是，每一个数都要做几千次的四则运算才能算出来，这是相当庞大的工作量。于是人们想，要是有一台机器来进行这些运算就好了。就是在这种情况下，第一台电子计算机被研制出来。

庞然大物

现在的电子计算机都非常小巧精致，广受欢迎的平板电脑仅用一只手就能拿住。"埃尼亚克"却是一个不折不扣的庞然大物。它的占地面积足有170平方米，总重量达30吨，使用了18000只电子管、6000个开关、7000只电阻、10000只电容、50万条线，耗电量达150千瓦，每秒可进行5000次加法运算。这台电子计算机的问世，标志着电脑时代的到来

最早的纺纱机

ZUI ZAO DE FANGSHAJI

纺 纱是指把纺织纤维加工成纱线的工艺过程。纺纱工艺早期的时候用的是比较简单的纺纱工具。现代的纺纱机最早是在英国出现的。

只能纺出一根纱

早期的纺纱工具十分简陋，只有一个纺锤和一根卷线棒。这种工具利用纺锤旋转来把松散的纤维捻在一起形成纱，然后再把纱线缠绕在卷线棒上。后来经过印度人的改良，制成了纺车，虽然机械代替了手工旋转纺锤，但它却只能一次纺出一根纱。

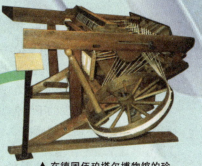

▲ 在德国伍珀塔尔博物馆的珍妮纺纱机模型

珍妮纺纱机

现代纺纱机最早在英国出现。1764年的一天，英国的纺纱工哈格里夫斯夫妇正在家里纺纱。哈格里夫斯的妻子不小心碰倒了手摇纺车，掉在地上的纺车车轮和纺锭仍然在转动，哈格里夫斯一下子受到启发。纺锤能垂直转动，那么并排在一起的多个纺锤不也一样能同时转动吗？这样不就一下子能纺出好几根纱了吗？于是哈格里夫斯就动手研制，几经试验，终于制造出了一部由4根木腿组成，下面安装有转轴，上面安装有滑轨，带有8个竖立纺锤的纺纱机。

深远影响

为了纪念这次意外的收获，哈格里夫斯为这台纺纱机起名为"珍妮"。以后经过多次改进，纱锭也由最初的8个增加到了18个，30个，80个，劳动效率大大提高。珍妮纺纱机的发明是棉纺织业中一个有着深远影响的发明，它甚至标志着工业革命的开始。

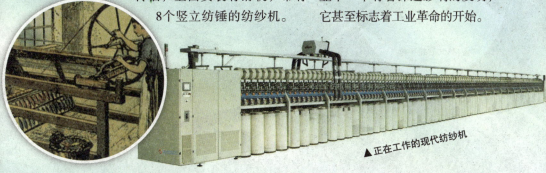

▲ 正在工作的现代纺纱机

枪械之最

QIANGXIE ZHI ZUI

枪械是兵器家族中的重要成员，它们不管个头儿大小，都有一副暴脾气，谁也招惹不得。下面，咱们来看看枪械中的几个精英。

▶ 毛瑟军用手枪

 ## 最大的军用手枪

世界上最大的军用手枪是德国毛瑟·雷夫兵工厂制造的毛瑟96式军用手枪。该枪长近30厘米，高近14厘米，重量约1.25千克，口径为7.63毫米，有效射程为50～150米。因为该枪的威力较大，曾是德国军队的标准佩枪。毛瑟96式手枪有多种变型，如容量为70发的下装弹型。毛瑟96式手枪枪身坚固、射程远、杀伤力强，但枪身太大，佩带不便，因而在第二次世界大战以后就被新式手枪取代了。

威力最大的转轮手枪

世界上威力最大的转轮手枪是美国史密斯·方森公司的M500转轮手枪。M500转轮手枪在手枪世界里是很有名气的，而它的名气来自于它的大口径。此枪口径为12.7毫米，发射1.27厘米"马格努姆"大威力手枪弹。由于子弹太大，一般的转轮手枪弹膛能装6发弹，而M500的弹膛只能装下5发。需要指出的是，它所发射的子弹的动能，是大名鼎鼎的"沙漠之鹰"的2倍——3517焦耳，已经达到了大威力步枪弹的动能。其杀伤威力完全可以用吓人来形容，称其为"手炮"一点儿也不过分！不过，这种大威力的手枪并非用于军事方面，而用于狩猎大型猎物，它一枪打死一头非洲象也不在话下。

▲ M500转轮手枪

114

最古老的钟表

ZUI GULAO DE ZHONGBIAO

钟表在现代生活中起着无比重要的作用。在没有钟表作计时器之前，古人只能根据太阳在天空的位置来估计一个大概的时间，或用水漏、沙漏等来掌握时间。钟表的出现让人们可以更精确地知道时间。

▲ 太阳钟

太阳钟

早在大约6000年前，古巴比伦王国就已经出现了一种判断时间的工具，人们可以根据太阳投影的长短和具体方位的变化来判断时间。当然，用这种方法判断时间显然是很不精确的。这之后，世界上又接连出现了土圭、圭表和日晷，它们一起被统称为太阳钟。

▲ 水运仪象台

水运仪象台

世界上最古老的钟表是我国宋代的宰相苏颂带领一批人制作而成的。北宋初年，在苏颂的主持下，一种叫作水运仪象台的仪器诞生了，民间叫它水钟。这个水钟是一个由大型的仪器和钟表合二为一的科技装置，它体型庞大，高度几乎达到12米。它的功能还很齐全，既能观测天体坐标、演示天体运动，还能机械计时。在计时方面，水钟经过一天一夜的运动，误差竟然只有1秒，这简直可以和闻名世界的瑞士手表相媲美，其准确度可想而知。更让人佩服的是，水钟中还首次使用了一个叫作擒纵装置的东西。其实，擒纵装置就相当于机械钟表的"心脏"，是钟表里最关键的部件之一，我们现在使用的钟表里仍然在利用这个装置，而我们的祖先早在900多年前就已经在使用了。

最早的航空母舰

ZUI ZAO DE HANGKONG MUJIAN

航空母舰是一种以搭载舰载机为主要作战武器的军舰，是目前世界上最大的武器系统平台，同样也是海战中最重要的舰船，被称为"海战之王"。

血的教训

世界上第一艘真正意义上的航空母舰诞生在英国。那还是在1917年的时候，英国海军计划建造一艘能够提供飞机起降的超级舰船。1917年3月，英国海军决定将一艘正在建造中的大型巡洋舰"暴怒"号改建为飞机母舰。改装后的"暴怒"号被称为"飞机载舰"，看起来设施先进，十分威风。但是，舰上的塔式桅杆和烟囱太高了，它们使得起飞后的飞机无法返回母舰。

为了解决这个难题，英国海军少校邓宁决定进行勇敢的尝试。几个月后的一天，他凭借高超的驾驶技术，驾驶着战斗机以侧滑着陆的方式艰难地降落到航行中的"暴怒"号前甲板上。不幸的是，几天之后，当邓宁又一次试图重复这个惊险动作时，意外发生了：飞机翻出军舰坠入海中，邓宁牺牲了。

血的教训使英国人明白，装备方面存在根本缺陷，想靠驾驶员的高超技术来弥补是行不通的。要实现常规飞机在军舰上的安全起降，必须解决根本问题。随后"暴怒"号进行了大改装，并取得

了一定成效。然而，"暴怒"号仍然不具有全通式的飞行甲板，飞机着舰仍然十分困难。显然，"暴怒"号还是一艘很不完善的航空母舰。

"百眼巨人"号

英国人没有被困难吓倒，决心建造一艘真正意义上的航空母舰。

英国海军从造船商手里买下一艘叫作"卡吉士"号的客轮，并对其进行改造。1918年5月，更名为"百眼巨人"号的舰船诞生了。作为世界上第一艘具有全通飞行甲板的航空母舰，"百眼巨人"号排水量为14450吨，最大航速为20节，可搭载飞机20架。同年9月，该舰编入皇家海军的作战序列。由于此时第一次世界大战已经接近尾声，匆忙入役的"百眼巨人"号尚未来得及接受战火的洗礼，战争便结束了。"百眼巨人"号只能默默地待在皇家海军的舰队中，无法在真正的战争中一显身手。但是，它在航空母舰发展史上的开拓性地位是无法被抹杀的。

最早的坦克
ZUI ZAO DE TANKE

坦克是一种能用履带行走的装甲战斗车辆，它集攻击性、保护性和机动性于一身，主要用于突破敌方防线，消灭敌方步兵，与敌人的坦克和其他装甲战斗车辆作战。坦克是陆战的主角，因此被称为"陆战之王"。

▲ 反坦克导弹

名字叫"小游民"

世界上最早的坦克诞生于第一次世界大战期间。当时欧洲战场陷入僵局，盟军部队急需一种能够在遍布铁丝网的战场上开辟道路、翻越壕沟，并能摧毁和压制机枪火力的装甲车，从而打破僵局。于是，英国政府开始秘密研制。1915年2月，英国政府采纳E.D.斯文顿的建议，利用汽车、拖拉机、枪炮的制造和冶金技术，于9月制成首辆坦克样车，并进行了首次试验，最终获得成功。样车被称为"小游民"，总重18.289吨，装甲厚度为6毫米，配有一挺7.7毫米"马克沁"机枪和几挺7.7毫米"刘易斯"机枪，发动机功率为77.175千瓦，最大时速为3.2千米，越壕1.2米，能通过0.3米高的障碍物。

▲ 坦克进行火力试射

你知道吗

坦克将要投入战场时，为了不让德国人察觉，英国人便以"水箱（tank）"这一海军术语为这一新式武器命名。不过，关于"坦克"这一名称还有另外一种比较有趣的说法，说当时有一个人嘲笑坦克像个大水箱，却没想到坦克就以这个名称流传开来。

最早的手机

ZUI ZAO DE SHOUJI

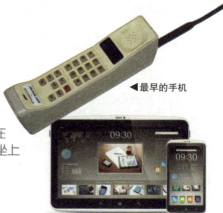

▶最早的手机

今天，手机已经成了人们不可缺少的物品。随着智能手机的普及，手机不仅成了最便捷的通信工具，更集合了电子阅读、在线视频、游戏娱乐等多种功能。现在就让我们坐上时光机，去看看第一部手机的模样吧！

 又大又迟钝

1973年4月的一天，一名男子站在纽约街头，掏出一个无比巨大的，形状像一块砖头的无线电话，并打了一通，引得过路人纷纷好奇地围观。这名男子就是手机的发明者马丁·库帕。

研制出世界上第一部手机的是当年的摩托罗拉公司，他们研制的这部手机身形巨大，通话时间只能持续半个小时，但价格却昂贵无比，售价3995美元。而且，这部手机的研制周期长达10年，耗资1亿美元，相比现在的手机来说，不仅外形难看，功能单一，而且太重了。但作为第一部手机，它的意义非常重大。

你知道吗

在肯尼亚，动物保护组织研制出一种能够自动发短信的智能项圈。戴上这种项圈的大象只要离开保护区，项圈里的手机智能卡就会向工作人员发信息报警，工作人员就会通过GPS全球定位系统确定大象的行踪并追过去，将其带回保护区。

最早的工业机器人

随着经济的发展，社会分工越来越细，例如，工厂中拧螺丝这种单一枯燥的机械工作越来越被人们所厌恶，于是人们强烈希望用某种机器来代替自己工作。在这种背景下，人们研制出了机器人，代替人完成那些枯燥或危险的工作。

▲ 尤尼梅特

尤尼梅特

世界上第一台真正意义上的工业机器人的名字叫"尤尼梅特"，它诞生于1959年。虽然被称为"机器人"，但尤尼梅特却和人一点儿都不像。远远看去，酷似一台坦克的巨大炮塔：基座上有一个大机械臂，大臂可绕轴在基座上转动，大臂上又伸出一个小机械臂，其相对于大臂可以伸出或缩回。小臂顶有一个腕子，可绕小臂转动，进行俯仰和侧摇。腕子前头是"手"，即操作器，可以灵活地张开和收拢。

机器人之父

尤尼梅特的创造者是美国人约瑟夫·恩格尔伯格和乔治·德沃尔，两人被称为"机器人之父"。研制过程中，恩格尔伯格负责设计尤尼梅特的"手""脚""躯干"，即机器人的机械部分和完成操作部分；乔治·德沃尔负责设计尤尼梅特的"头脑""神经系统""肌肉系统"，即机器人的控制装置和驱动装置。

最早的原子弹与氢弹

ZUI ZAO DE YUANZIDAN YU QINGDAN

提起原子弹和氢弹，恐怕没有人不知道它们的大名。它们都是具有大规模杀伤力的武器。它们是什么时候产生的呢？

最早的原子弹

世界上最早的原子弹是由美国人制造的，诞生于1945年初，共3枚。为了保密，它们被起了很好玩儿的名字，分别叫"瘦子""胖子"和"小男孩儿"。其中"瘦子"被用于实验，用来测试原子弹的威力。"胖子"和"小男孩儿"则分别被投到了日本的长崎和广岛。别看它们的名字不起眼，但威力却令人恐惧。据统计，广岛市和长崎市因此而死亡及受伤人数加上其他受害者，总数达445000人以上。

▲ 氢弹爆炸

▲ 原子弹爆炸

最早的氢弹

成功制造出原子弹之后，科学家们发现，当原子弹爆炸时会产生超高温，这正好为氢弹的研制开创了条件。

经过若干年的实验，1952年11月，氢弹终于被美国科学家研制成功了。不过第一枚氢弹并不具有实战价值，因为它太大了。但随着科技的发展，氢弹逐渐缩小了体积和重量，可用于实战的氢弹也被制造出来了。

射程最远的导弹

SHECHENG ZUI YUAN DE DAODAN

如果有人问：世界上射程最远的导弹是什么？答案无疑是俄罗斯的SS-18洲际弹道导弹。该型导弹无论射程还是威力，在世界上都可以说是首屈一指的。它在冷战时期一问世，北约就将其称为"撒旦（恶魔）"，可见其威力和射程有多恐怖。

射程可达16000千米

SS-18洲际弹道导弹至今仍是世界上射程最远的现役导弹。冷战时期，美国完成了型号为"民兵"的导弹试验，射程可达13000千米。后来，苏联便研制出了射程可达16000千米的SS-18洲际弹道导弹。

威力巨大

SS-18导弹不仅射程惊人，威力也令人叹为观止。因为SS-18导弹本身就是为打击发射井等加固目标而设计的，因此一开始就将大威力作为目标。在导弹设计中，科学家注重加大导弹的推力，使其可以携带更大、更多的核弹头。SS-18导弹的单弹头威力甚至曾达到2000万～2500万吨TNT当量（计算爆炸威力的一种标准），而美国投在广岛的原子弹威力也只不过1.5万吨。

▶SS-18导弹发动机

最早的电视机

ZUI ZAO DE DIANSHIJI

电视机现在几乎是每个家庭必备的家用电器，它能让人们足不出户了解世界各地的信息，欣赏美丽的风光。电视机如此重要，那你知道世界上最早的电视机是什么时候出现的吗？

废旧材料变电视

1925年的时候，英国工程师约翰·贝德用旧的无线电器材、旧糖盒、自行车灯透镜、旧电线等废旧材料，精心研制出了世界上最原始的电视摄影机和接收机。1926年1月27日是被世界公认为电视第一次公开播放的日子。这一天，约翰·贝德于英国伦敦皇家学会向当时的40位科学家演示了他的这一发明。他在一间屋子里播放电视，科学家们则在另一间屋子里观看，当时屏幕上的画面是一个抽着烟说话的人。

在纽约看伦敦

约翰·贝德发明的这种电视机，它的摄影机和接收机距离非常近，还不到3米，而且图像也非常模糊。贝尔德为了筹集资金改进机器，还曾把电视机放在商铺里帮

老板吸引顾客，以此来获得报酬。有了资金后的约翰·贝德反复研究和试验，在1929年的时候，他终于利用无线电波把电视图像从伦敦送到了远在美国的纽约，纽约人在电视上看到了伦敦，这一事件一下子轰动了整个世界。从这之后，电视机就在世界各地流行起来。

▲ 纽约的街头电视正在直播节目

技术不断改进

　　1923年，美国的RCA公司俄裔科学家佐里金博士发明了自动扫描电子束，这就代替了以前的机械式扫描转盘，他的这项发明突破了机械式电视扫描线数的上限，而且画面也更加清晰。后来，佐里金博士又发明了光电发像管和映像管，这些全都是现代电视机和电视摄影机的主要部件，为电视机清晰的成像效果起到了推动作用。

Part 8

第八章

交通大放送

最大最豪华的邮轮

ZUI DA ZUI HAOHUA DE YOULUN

相信看过电影《泰坦尼克号》的人都会对这艘邮轮上豪华的装饰感叹不已。可是，这不算什么，世上最大、最豪华的邮轮可比它更让人惊叹。

比"泰坦尼克号"大3倍

"海上绿洲号"邮轮由总部设在美国迈阿密的皇家加勒比邮轮公司订购，造价为12亿美元，2011年年底完工交付使用，首航目的地为美国迈阿密。"海上绿洲号"船身长约360米、宽约65米、高约72米，重约22万吨，比"泰坦尼克号"还要大3倍，比之前世界上最大邮轮"海洋自由号"还重6万吨。

豪华设施

很难想象在一艘海上移动的邮轮上，除了有能容纳7300多人的客房外，还设有7个区域，分别为中央公园、步行街、酒吧餐馆区、游泳池运动区、海洋温泉健身区、娱乐区和儿童活动区。当"海上绿洲号"在海上航行时，简直就是一座"旅行的城市"。

▲ 海洋绿洲号

最长的古运河

ZUI CHANG DE GU YUNHE

运河，除担负航运任务外，还可用于灌溉、分洪、排涝、给水等。因此，无论在古代还是在现今，运河都对一个国家和地区的经济发展起到至关重要的作用。

▲ 京杭大运河苏州段

与长城齐名

中国的万里长城驰名海内外，但在中国古代，还有一个伟大的工程也同样体现着劳动人民的智慧和勤劳，那就是可以和万里长城齐名的，同样也拥有悠久历史的京杭大运河，这条运河是世界上最长的古运河。

利在千秋

在春秋末期，也就是公元前486年，一段名为"邗沟"的运河开始在吴国挖凿，挖"邗沟"的目的就是要把淮河和长江连接起来。到了隋朝的大业元年至大业六年，即公元605年~610年，为了把钱塘江、长江、淮河、黄河和海河五大河流全部沟通起来，统治者隋炀帝下令凿河。当时参与这项工程的民工就有200多万人。就是依靠这些劳动人民的血汗，一条南北贯通，长1700多千米，宽30~70米的大运河修建完成了。

元代时，这条大运河改名为京杭大运河，以前呈现出弓形的河道也被改直成南北走向的一条直线河道，这就成了我们现在所见到的长约1794千米的运河航线。

最早的交通信号灯

ZUI ZAO DE JIAOTONG XINHAO DENG

在十字路口、丁字路口，我们都看到交通信号灯在引导车辆和行人安全有序地通行。交通信号灯的出现，大大减少了交通事故的发生，提高了道路使用效率，很好地改善了交通状况。

煤气红绿灯

在路口使用信号灯的想法是由英国伦敦的机械工程师德·哈特提出并动手设计的。1868年，他发现交叉路口总是很混乱，车辆、行人毫无秩序。为了改善这种交通状况，哈特设计并制造出了一种红绿两色的煤气灯。他把这种煤气灯安装在伦敦威斯敏斯特区乔治大街和布里奇大街的交叉路口处。由于这个交通信号灯是采用煤气照明的，因此需要警察利用长杆牵动皮带来进行手动转换信号灯的颜色。虽然这一设计在路口起到了很好的疏导作用，但不幸的是这盏煤气灯仅仅工作了23天就发生了煤气爆炸事故，更可怕的是还发生了伤亡现象。从那之后，交通信号灯被政府禁止使用。

▲ 欧洲第一盏交通信号灯

电气红绿灯

到了1914年，美国的俄亥俄州克利夫兰市的埃克里特大街和东105路之间，一种全新的现代版电气红绿灯出现了，这才又重新开启了交通信号灯行使管理交通、维持秩序的重要使命，让我们的出行更加安全、有序。

你知道吗

被称为"交通安全之父"的是美国纽约一名叫威廉·菲尔普斯·伊诺的人，奇怪的是他一辈子都不会开车。1900年，伊诺在杂志上发表了《我们的城市交通急需改革》《车辆管理的建议》等文章，从此成为交通安全专家。停车标志、单行道、出租车停靠站、行人安全岛、交通转盘、第一个效能警察手语等，都是由他倡导设立的。

最早的公共汽车
ZUI ZAO DE GONGGONG QICHE

随着私人轿车的拥有量急剧增加，路面交通压力越来越大。因此，我们大力提倡一种乘坐方便而且承载力较强，能更好地解决人们近途出行的环保交通工具，那就是公共汽车。

▲ 伦敦自1829年之后出现的一种叫作Omnibus的公共马车

马拉公车

1825年，法国西北部一位公众浴场的老板在为前来洗浴的客人们提供四轮马车的接送服务时发现，他提供的马车在途中不仅自家客人可以乘坐，其他行人也可以顺路乘坐。于是他忽发奇想，又开办了一条客运路线，专门往返于各家旅馆之间，这样不仅为广大市民提供了便利，还为自己赚取了高额利润。于是，他办起了马拉公车的客运服务，这也就是公共汽车的前身。

▲ 城市蒸汽公交系统

蒸汽式公共汽车

1827年，蒸汽机被英国的嘉纳公爵运用到马车上，他制造出了一辆蒸汽式公共汽车。这辆公共汽车就像一个大箱子，不过它比起马拉公车来，乘客乘坐起来更加舒适、快捷。蒸汽式公共汽车的车厢能容纳18个人，速度达到每小时19千米，大大节省了时间。这辆公共汽车也是世界上第一辆营业性的蒸汽式公共汽车。

▲ 伦敦街头的公共汽车每日每个方向4班

◀ 现代双层公共汽车

▲ 老式公共汽车

最长的轿车

ZUI CHANG DE JIAOCHE

在我们的印象中，轿车一般都是比较小巧的，但疯狂的汽车设计者是不会甘心平庸的，让我们来看看世界上最长的高级轿车。

拥有26个轮子

世界上最长的轿车到底有多长呢？2005年5月，美国加利福尼亚州伯班克市的杰·奥尔伯格设计出一辆超长的高级轿车，车里配备了一个超长的水床垫，而且还有一个带跳板的游泳池。这部轿车总共有26个轮子，总长30.5米。别以为这么长的车行驶起来会有困难，它可一点也不比普通轿车逊色，一样非常平稳。它还可以用中部弯曲的方法驾驶呢。

媲美最长轿车

世界上还有一辆特别长的高级轿车，名叫"凯迪拉克好莱坞之梦"，这辆轿车虽然不是最长的，但设计者们在车内的辅助设备上是狠下了一番功夫的。这部轿车里配备了一个小型的高尔夫球场，6部电话，一套卫星天线和直升机降落缓冲垫，直升机可以直接降落在上面，真可谓豪华至极。

▲ "凯迪拉克好莱坞之梦"

最早的出租车

ZUI ZAO DE CHUZU CHE

现代生活中，我们走在公路上随时可以看见来往奔跑的出租车，它们招手即停，即停即走，给人们的出行带来了极大的便利。事实上，在发明汽车之前，出租车就已经出现了，这一点是否出乎了大家的意料呢？

马车出租车

世界上最早的出租车是马车。根据史料记载，早在1588年的时候就出现了一种专门招揽出租业务的四轮马车，但是第一支由四轮马车组成的出租车队则出现在1620年的伦敦。这支车队其实只有四辆四轮马车，虽然车比较少，但是他们却有统一要求，车夫必须穿着统一样式的制服。当他们行驶在马路上时非常引人注目，一下子获得了人们的青睐。因此，这个行业开始飞速发展起来。1654年，英国议会特地为这一行业颁布了《出租车管理法令》，专门给出租马车的车主发放营业许可证。

第一家出租汽车公司

1897年，德国的斯图加特市成立了世界上第一家出租汽车公司。随着科技和汽车工业的日渐成熟，马车出租车的地位很快被汽车出租车取代，汽车出租车已经完全征服了人们的心。

你知道吗

给汽车挂牌照这一规则最早是从法国开始的。法国人把这一规则制度化，根据条例规定："所有的汽车都必须挂上印有汽车所有人姓名、住址以及登记号码的金属车牌。车牌必须挂在车身左侧，保持在随时可以看见的位置上。"

最早能潜水的汽车

ZUI ZAO NENG QIANSHUI DE QICHE

我们所见到的汽车都是奔驰在公路上的，它们是陆地上重要的交通工具。可是，你听说过能潜水的汽车吗？

轻盈的车身

2008年3月，瑞士的日内瓦车展上一辆名为Squba的汽车一下子聚焦了所有人的目光，这辆汽车是由瑞士著名的超级跑车制造商Rinspeed制造的。此车完全由纳米碳纤维制成，因此车身非常轻盈，仅重920千克，而且它的造型也十分别致。然而这些还不是最让人震惊的，最让人惊叹不已的是这辆汽车不仅能在陆地上奔跑，还能在水下自由穿梭，成为世界上第一辆能潜水的汽车。

无须驾驶操作

这辆汽车车身所用的材质都是有利于水下航行的，而且汽车尾部还安装有三个电动引擎。如果在陆地上奔驰，三个引擎中只需要其中一个提供动力就可以了；如果在水下航行，则使用另两个专门为潜水设计的引擎。当按动汽车的控制按钮，它就能潜到水下10米深的地方，车位两侧的2个螺旋桨推进器和喷气式推进器立刻开始工作，在无须驾驶员操作的情况下自动航行。水下航行所需要的氧气问题也无须担心，因为车内设有水下呼吸器，它能源源不断地制造氧气。除了拥有这些特异功能之外，这辆车还有"零污染，零排放"的优越性能。

海拔最高的铁路

HAIBA ZUI GAO DE TIELU

铁路运输是一种非常普遍的陆上运输方式。铁路遍布世界各地，铁路线俨然成了一张密密的网，连接着各个国家和城市，而世界上海拔最高的铁路就在中国境内。

贯穿"世界屋脊"

青藏铁路，有"天路"之称，是世界上海拔最高的铁路。青藏铁路于2006年7月1日全线通车，东起青海省西宁市，西达西藏自治区的拉萨，横贯了有"世界屋脊"之称的青藏高原，全程长达1956千米。既然修建在"世界屋脊"之上，那么难度可想而知，因此，这个铁路工程的修建分两个阶段进行，从西宁到格尔木这一段总长841千米，在1979年铺设完工，于1984年正式运营；而格尔木到拉萨这一段全长1142千米，其中新建线路1110千米，到2006年6月29日才竣工。

铁路建筑史上的"奇迹"

青藏铁路全程有一半多的路段平均海拔都在4000米以上，其中铁路沿途经过的最高点能达到海拔5072米，就连最低点海拔高度也在2000米以上。青藏铁路的修建克服了重重困难，比如高寒缺氧、多年冻土等诸多难题，被誉为铁路修建史上的"奇迹"。

最早的空服人员

ZUIZAO DE KONG FU RENYUAN

凡是坐过飞机的人，都享受过那些美丽优雅的空服人员的贴心服务，但是如果说世界上最早的空服人员是男性，你会不会大吃一惊？但事实确实如此，世界上第一位空服人员是一名叫杰克·辛德逊的英国男性。

竟然是男性

空服人员是指在飞机上为旅客提供服务的人员，也叫"航空乘务员"。曾经，各国的航空乘务员以女性为主，而且是经过层层选拔的美女，不过最近几年也有一些国家出现了男性航空乘务员的身影，人们称呼他们为"空保"。

根据记载，英国人杰克·辛德逊在英国戴姆勒航空公司的一次招聘中，成功应聘为一名空中服务员，他也因此成为了世界上第一位空服人员。1930年，美国联合航空公司聘用了一名名叫艾伦·切奇的女性，由这个当时只有25岁的护士来照顾搭乘飞机的旅客，受到广泛好评。从那之后，大多数航空公司都开始聘用女性为航空乘务员，女性成为这个行业的主流。

▲ 飞机上的乘务员

最早驾驶超音速飞机的女性

ZUI ZAO JIASHI CHAOYINSU FEIJI DE NUXING

如今世界上的女飞行员已经不在少数，但在20世纪早期还是非常少见的。然而英国的戴安娜·巴尔纳托·沃克不仅是当时罕有的女飞行员，而且她还是第一位驾驶飞机超过音速的女性。

不安于平凡

1918年1月15日，戴安娜出生于一个富裕的犹太家庭。从小生活在优越环境里的她，却有一种不肯安于平凡生活、富有挑战精神的性格。在生活中，她总是不停地寻找刺激。在她21岁那年，戴安娜完成了一件非常惊人的事情，她在仅仅学习了6个小时的飞行课程后，通过了测试，并成功取得了飞行驾照。

▲ 驾驶舱里的戴安娜

时速2019千米

1939年，戴安娜在担任红十字会护士期间，申请加入了战斗机运送员的队伍，并完美地完成了任务。在这期间，她成功驾驶了240架包括"喷火"式战斗机在内的多种机型。

1963年8月26日，戴安娜获得了商业飞行员资格。当时她驾驶着时速高达2019千米的喷气式战斗机"闪电"完美地完成了飞行任务，成为世界上第一位驾驶超音速飞机的女性。

最长的铁路
ZUI CHANG DE TIELU

1891年在莫斯科开始修建的西伯利亚铁路是世界上最长的铁路线，全长9288千米，这条铁路于1904年7月13日正式建成并通车。

连接莫斯科和西伯利亚

19世纪末，沙俄政府为了发展经济，力图和美国、英国、日本等国家在实力上互相抗衡，成为强大的工业大国，政府决定开发西伯利亚这个具有重要战略地位的地区，于是修建一条连接莫斯科和西伯利亚的铁路就成了当务之急。这条铁路途经萨马拉、车里雅宾斯克、鄂木斯克等重要城市，最终到达濒临太平洋的海港城市海参崴。

黄金通道

鉴于这条铁路所具有的重要意义以及所处的复杂地理形态，沙皇皇储尼古拉出任"西伯利亚大铁路特别管理委员会"主席，亲自前往指挥、监督铁路的修建工作。这条铁路修建好之后，给俄罗斯的工业和经济发展带来了前所未有的推动力，它跨越了莫斯科到海参崴的8个时区，成为俄罗斯发展道路上的黄金通道。

你知道吗

为了克服地球上各个国家在时间上的混乱，1884年在华盛顿召开的一次国际经度会议(又称国际子午线会议)上，将全球划分为24个时区。每个时区横跨经度15度，时间正好是1小时。最后的东、西第12区各跨经度7.5度，以东、西经180度为界。每个时区的中央经线上的时间就是这个时区内统一采用的时间，称为区时。相邻两个时区的时间相差1小时。

Part 9

第九章

国家与城市

面积最小的国家

MIANJI ZUI XIAO DE GUOJIA

如果说不用一天的时间，就可以逛完一个国家，你会相信吗？梵蒂冈就是这样的国家，那里的人就连理发、逛超市都要出国呢。

▲ 梵蒂冈大教堂

还没故宫大

梵蒂冈位于意大利首都罗马城西北角的梵蒂冈高地上，所以它被称为"国中国"。它是世界上面积最小的国家，仅有0.44平方千米，同时也是世界上人口最少的国家之一。大家都知道北京故宫吧？梵蒂冈的面积仅有故宫的3/5大。

与众不同

我们知道，每个国家在自己的土地上都有其自己的农业、工业……然而，我们在梵蒂冈却见不到田野，寻不到工业设施，就连一个国家最基本的电力、自来水、食品、煤气都要由意大利供应，甚至连理发店也没有。不过梵蒂冈也不是什么都靠外来援助，它有整套机构和部门，也有自己的货币、邮政、电信和民政机构。所以别小看这个"国中国"，它可是响当当的文化瑰宝，也是很多天主教徒心中的圣地。

你知道吗

梵蒂冈博物馆位于意大利罗马圣彼得教堂北面，里面汇集了很多稀世文物和艺术珍品，堪与伦敦大英博物馆和巴黎罗浮宫相媲美。博物馆内展示空间很大，游赏起来会令人精疲力竭，所以游客得事先订好计划。

面积最大的国家

MIANJI ZUI DA DE GUOJIA

如果把我们生存的地球看作一个大家庭的话，那么俄罗斯肯定是这个家庭中块头最大的，因为它是世界上面积最大的国家。

▲ 俄罗斯套娃

横跨亚欧，地域辽阔

俄罗斯的全称是俄罗斯联邦。说它块头最大，可真是名副其实。它横跨欧、亚两大洲，北邻北冰洋，东濒太平洋，西接大西洋，西北与波罗的海、芬兰湾相临，总面积为1710万平方千米，占了整个地球陆地面积的11.5%，东西最长为9000千米，南北最宽为4000千米，整个国土跨越11个时区、4个气候带。在俄罗斯你能看到欧洲最长的伏尔加河，世界上最深的淡水湖——贝加尔湖，以及广袤无垠的西西伯利亚平原。

地虽广，人却稀

别看俄罗斯的国土面积那么大，但生活在这里的人却不是很多。这里不仅地广人稀，而且人口分布极不均衡，西部的发达地区人口很多，而东北部的落后地区人口很少。最近十几年来，俄罗斯政府一直被人口负增长所困扰。

▼ 克里姆林宫

139

面积最大的内陆国

MIANJI ZUI DA DE NEILUGUO

▲ 阿斯坦纳一角

哈萨克斯坦西面靠近里海，与俄罗斯、乌兹别克斯坦、土库曼斯坦、吉尔吉斯斯坦以及中国等国接壤，是世界上面积最大的内陆国。

面积大，民族多

哈萨克斯坦面积达270多万平方千米，约占地球陆地面积的2%，相当于整个西欧国家面积之和，是欧亚地区的一个大国家，也是一个民族特别多的国家。国内有哈萨克、俄罗斯、乌克兰、乌兹别克、德意志、白俄罗斯和鞑靼等多个民族，其中哈萨克族人最多，其次是俄罗斯人。

▲ 哈萨克斯坦国鸟金雕

► 哈萨克斯坦地区

▼ 巴甫洛达尔州建筑

地形、气候复杂

哈萨克斯坦境内大部分土地为平原和低地，但这并不意味着它的地形简单。实际上，这里的地形相当复杂，而且多山多湖。境内地势东南高、西北低，中、东部是哈萨克丘陵，最北面是平原，东面是山地。哈萨克斯坦属于温带干旱和半干旱气候，冬冷夏热，四季分明。因为境内高山较多，所以有些地方也有高山气候的特点——低压缺氧、寒冷干燥、日照时间长、太阳辐射强烈等。

岛屿最多的国家

DAOYU ZUI DUO DE GUOJIA

当你看到印度尼西亚的介绍时，一定会为它拥有的岛屿之多所惊叹，可能会下意识地以为它是世界上岛屿最多的国家，但事实却不是这样，因为世界上岛屿最多的国家是挪威。

▼ 奥斯陆市的雕塑

▲ 约斯特谷冰原

万岛之国

挪威，全称挪威王国，是一个自然环境极其优美的国家。它的森林覆盖率极高，曾被权威媒体评为世界上最值得去的旅游胜地之一。挪威并不像印度尼西亚那样的群岛国家，其所拥有的岛屿数量估计超过20万个，仅近海岛屿就有约15万个，这个数字令人惊叹。科学家研究发现，挪威之所以会有如此之多的岛屿，与冰川侵蚀有关。

峡湾也很多

挪威北海的海岸线非常复杂地"撕咬"着内陆、形成了峡湾。挪威峡湾的规模在世界首屈一指，最有名的是四大峡湾，分别为哈当厄尔峡湾、松恩峡湾、盖朗厄尔峡湾和吕瑟峡湾。其中松恩峡湾是挪威最大的峡湾，也是世界最长、最深的峡湾，全长200多千米，最深处约1300米；哈当厄尔峡湾最为平缓。美丽的峡湾为挪威提供了最具代表性的景观，被誉为"挪威的灵魂"。

最大的群岛国家

ZUI DA DE QUNDAO GUOJIA

印度尼西亚位于亚洲东南部，全称是印度尼西亚共和国，简称印尼。其国土横跨亚洲及大洋洲。因为约70%的国土位于南半球，所以印度尼西亚是亚洲唯一的南半球国家。

▲ 印度尼西亚一角

岛屿多，火山多

印度尼西亚是东南亚最大的国家，国土由散布在亚洲与大洋洲之间的13667个大大小小的岛屿组成，是世界上最大的群岛国家，也被称为"千岛之国"。其陆地总面积达190多万平方千米。在这星星点点的岛屿中，约有992个岛屿上有居民。

除了多岛屿，印度尼西亚境内还多火山，有400多座，其中约77多座是活火山。火山灰落在岛屿上，形成肥沃的土壤，加之雨量充沛，很适合农作物生长。

"赤道上的翡翠"

印度尼西亚的岛屿环境优美，处处青山绿水，空中俯瞰，犹如点缀在广阔大洋上的美丽翡翠，所以它有"赤道上的翡翠"的美称。印度尼西亚还是世界上生物资源最丰富的国家之一，被称为"水果王国"，香蕉、杧果、菠萝、木瓜、山竹等各种热带水果应有尽有。

· 千奇百怪 ·

圣马力诺没有消防队。如果发生火灾，就要去请意大利的消防队来灭火。

埃塞俄比亚全国各地的城市只有最大的街才有街名，一般的街巷没有名称。

阿根廷的节日特别多，大大小小加起来有360个左右。

最狭长的国家

ZUI XIACHANG DE GUOJIA

南美洲的智利是一个同南极洲隔海相望的美丽国家，也是世界上最狭长的国家。

▲ 智利荒漠

南美洲的"裙边"

智利位于南美洲西南部，东面与阿根廷相接，西临太平洋，南与南极洲隔海相望，北与秘鲁、玻利维亚接壤。从地图上看，智利的形状又细又长，堪称世界之最，因为它南北长4330千米，东西仅宽90~400千米。由于智利地势狭长，从北部的沙漠地带到南端的冰川极地地带，景色各具特点，酷似南美洲的"裙边"。任何时候去智利，都有美丽的景色等着你。

非常暴躁

智利的脾气有时很暴躁。它地处南太平洋东岸、美洲板块和南极洲板块交界处，境内有许多火山，地震和火山喷发等灾害发生比较频繁。据报道，近500年来，智利曾发生过大约50次较大的地震和20次海啸。

▼ 复活节岛雕塑

你知道吗

复活节岛位于智利。岛上有神秘的巨人石像。这些巨人石像都有着高鼻梁、深眼窝、长耳朵、翘嘴巴；或卧于山野荒坡，或躺在海边；有的孤单一个，有的成群结队；有的面对大海，有的昂首远视……这种景观怎能不引人注意？

143

海拔最高与最低的国家

HAIBA ZUI GAO YU ZUI DI DE GUOJIA

我们都知道陆地上有平原，有山地，有高原，有盆地。因为有着各种各样的地形，所以我们的世界才丰富多彩。下面，我们就来领略一下地球上海拔最高的和最低的国家的风采。

▲ 莱索托常见的多肉植物

▼ 莱索托农居

"空中花园"

　　莱索托是非洲东南部的一个小国，位于南非高原的东边、德拉肯斯山的西坡。莱索托全境海拔在1500米以上，由东向西倾斜。东北边境有许多海拔3000米以上的山峰，最高峰是塔巴纳恩特莱尼亚纳山，海拔3482米。首都是马塞卢，海拔1500米。

　　由上可知，称莱索托为世界上平均海拔最高的国家是十分恰当的。人们因此还给它起了个美丽的别称——"空中花园"。

最大的"国中国"

　　莱索托的面积为3.03万平方千米，国土四周被南非所包围，是世界上最大的"国中国"。这里是牧羊的好地方，全国1/2以上的土地都可以用来放牧。

"低地之国"

荷兰位于欧洲西部，西、北两面临北海，东和南分别与德国和比利时为邻，面积约为4.15万平方千米（包括内陆海），首都是阿姆斯特丹。全境均为低地，河流密布。南部由莱茵河、马斯河、斯海尔德河三角洲连接而成。

"荷兰"在日耳曼语中叫"尼德兰"，意为"低地之国"。荷兰是世界上海拔最低的国家，境内大部分地区是低洼平原，全国1/3的土地海拔不到1米，1/4的土地低于海平面，其中南部沿海的最低地区要比海平面低6～7米呢！相对而言，荷兰境内的东南角地势较高。

风车贡献大

欧洲曾流传一句话："上帝创造了人，荷兰风车创造了陆地。"这句话形象地体现了风车对荷兰的重要性。荷兰地势低洼，常常要面对海潮的侵蚀，为了生存，荷兰人创造了高达几米甚至几十米的抽水风车，这些风车还可以用来碾谷物、粗盐，压滚毛呢、毛毡，造纸，以及排除沼泽地的积水等。正是这些风车不停地劳动，才保障了全国2/3的土地免受沉没之灾。

▲ 荷兰风车

·千奇百怪·

南非共和国有3个首都，沙特阿拉伯王国有4个首都。

"袖珍之国"安道尔没有军队，也没有税务机构。

希腊雅典的午休时间特别长，一般从下午2点到5点。

145

拥有高峰最多的国家

YONGYOU GAOFENG ZUI DUO DE GUOJIA

尼泊尔的全称是尼泊尔联邦民主共和国，为南亚山区内陆国家，是中国的邻居。它的国土面积只有14.72万平方千米。不过，虽然国土面积小，但名气很大，闻名的原因之一是它拥有全世界最多的高峰。

高山王国

尼泊尔"高山王国"这个称号可不是白来的，因为地球上最高的14座山峰中，有8座全部或部分位于尼泊尔境内。它们的海拔全部在8000米以上，其中世界最高峰珠穆朗玛峰就位于中尼边境上。除此之外，该国还拥有约250座海拔6000米以上的山峰。

尼泊尔的地势从北向南急剧递减：北部为高山区，海拔均在3000米以上；中部岭谷区海拔300～3000米，河流纵横；南部为平原区。

▲ 尼泊尔国旗

独特的国旗

尼泊尔不仅是拥有最多高山的国家，还是唯一个国旗非矩形的国家。尼泊尔的国旗由上小下大、上下相叠的两个三角形组成，旗面为红色，旗边为蓝色。红色是该国国花红杜鹃的颜色，蓝色代表和平。上面的三角形旗中是白色弯月、星图案，代表皇室；下面三角形旗中的白色太阳图案是拉纳家族的标志。

▼ 尼泊尔的特色建筑

海拔最高的首都

HAIBA ZUI GAO DE SHOUDU

青藏高原有着"世界屋脊"的称号，地球上除了这里，还有另外一个"世界屋脊"，那就是玻利维亚的首都拉巴斯。

个子最高

说起拉巴斯，很多人都对这座城市心生畏惧。据说，很多在拉巴斯长期工作的外交官都患上了气管炎、咳嗽、心脏肥大等慢性病，这些疾病其实都是高海拔在搞鬼。作为世界上海拔最高的首都，拉巴斯市中心的海拔约有3600米，机场海拔则有近4000米。

"体育大看台"

"拉巴斯"在西班牙语中意为"和平之城"，是一个很有特色的山城。在群山的重重包围下，整座城市建在雪峰夹峙的谷坡上，房屋沿拉巴斯河顺山势一级一级地铺设，层次分明，呈阶梯状，有的街道坡度达30～40°，整座城市看上去就像一座体育大看台。

在地理位置上，拉巴斯位于玻利维亚高原东部拉巴斯河谷，西与秘鲁和智利接壤，西南为高原，东南为山地，东部是热带河谷，北部是亚马孙河流域边缘的雨林带。

▼拉巴斯

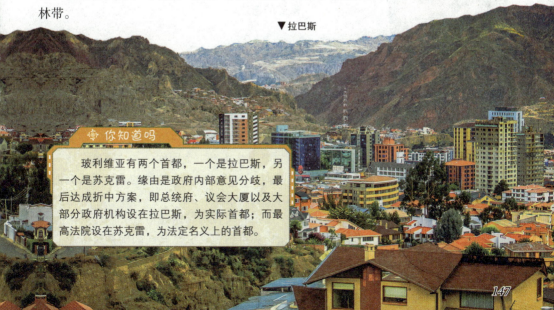

你知道吗

玻利维亚有两个首都，一个是拉巴斯，另一个是苏克雷。缘由是政府内部意见分歧，最后达成折中方案，即总统府、议会大厦以及大部分政府机构设在拉巴斯，为实际首都；而最高法院设在苏克雷，为法定名义上的首都。

最北面与最南面的城市

ZUI BEIMIAN YU ZUI NANMIAN DE CHENGSHI

位于世界最北端的城市是朗伊尔城，而位于世界最南端的城市是乌斯怀亚。两个城市各有各的特色，但都非常寒冷。

▲朗伊尔城

名字有来头

朗伊尔城以约翰·朗伊尔的名字命名。约翰·朗伊尔是一个美国人，100多年前来到这里，帮助当地人发展煤矿开采业。这么多年过去了，你现在仍能看到木栈桥点缀在高高的山腰上，星罗棋布于整座小城之中，它们都是早期采矿的遗迹。

极地之城

朗伊尔城隶属挪威，是斯瓦尔巴群岛的首府。它深藏在北极圈内部，躲在一个高纬度的角落里。这里天气寒冷，每年都有几个月的时间看不到太阳，还有几个月中太阳则似乎是要补偿前些日子浪费掉的时间一样，一直挂在天空。朗伊尔城因此还有一个别称——"彩色之城"，这是因为每当处于极夜的时候，绚丽的北极光就会把整座小城装饰得五彩缤纷。

如今，煤炭开采作为这座城市最大的收入来源，仍在朗伊尔城外进行着。紧随其后的则是旅游业，这里每年会接待数万名游客。游客可以在这里做很多事情，夏季活动包括徒步旅行、区域性的乘船旅行、玩皮划艇、野外观鸟。如果你特别喜欢冒险，不妨冬季来此一游，你可以在向导的指引下滑雪、乘坐雪地摩托，或坐在狗拉的雪橇上进行多日远足。

美丽的海湾——乌斯怀亚

有这样一座美丽的城市，地处南半球，依山面海，郁郁葱葱的山坡和巍峨洁白的雪山交相辉映，色调不同的各种建筑坐落在波光粼粼的比格尔水道和青山白雪之间，构成了一幅绝美的图画。

这座小城依山面海而建，街道不宽，但十分干净，街边有很多可爱的小木屋，使人仿佛置身于童话世界。每当夏季，屋前屋后的鲜花开得很茂盛，一片生机盎然的景象。但清冷的空气和不远处白雪皑皑的山峰，又让人恍然感受到南极的气息。

这就是乌斯怀亚。在当地土著部落亚马纳语中，"乌斯怀亚"的含义是"向西深入的海湾""美丽的海湾"。它隶属阿根廷，是世界上最靠南的城市。

在这座小城中，有一个小邮局，出售印有"世界尽头邮政"字样的明信片。每天都有游客现场填写明信片，寄往世界各地。

·千奇百怪·

意大利的蒙塞尼西奥市位于意大利西北部边境。近期一次人口普查结果表明，这个城市的市政府人口登记册上的名单只有32人，但是实际常年留居这里的只有10人，4男6女，并且分为4户人家。小城的人口曾经一度超过300人，但经过第二次世界大战之后，人口数量不断下降。

▶ 乌斯怀亚灯塔

149